Stratégies en psychothérapie

Par *Madalina Day*

Traduit par **Anais Schlienger**

Une notice de catalogue CIP pour ce titre est disponible auprès de la British Library.

ISBN Digital/ebook (Anglaise) :9781739935702
ISBN Paperback (Anglaise) :9781739935719

ISBN AudioBook :9781739935757

ISBN Paperback (française) :9781739935764

ISBN Hardcopy (française) : 9781739935771

New Beginnings Therapy

Madalina Day

www.newbeginningspage.com; www.anewbeginningstherapy.com

First Published in Paperback 2021

Ce livre est dédié à mon enfant Max

Remerciements

Ce qui suit est né de l'amour de ma profession et en tant que symbole de reconnaissance pour les années consacrées à un contrat honorifique au sein du NHS.

Je suis reconnaissante à ma famille, passée et présente, d'avoir toujours été ce qu'ils sont.

Je remercie tout particulièrement Kamalika Mitra.

Cette traduction n'aurait pas été possible sans la volonté et le dévouement d'Anaïs Schlienger qui a eu foi en ce project et l'a rendu accessible au public Français. Je suis reconnaissante.

Sommaire

CHAPITRE 1. Introduction

<u>Un chapitre de "*Change and Innovation* : *Challenge for the NHS*</u>" par Turrill (1993) pose une question intéressante :

"Administrateurs, gestionnaires ou leaders ?"
Turrill (1993, p.43)

Si elle n'est pas soigneusement réfléchie et située dans le contexte du NHS, une réponse immédiate à une telle question pourrait être une contre-question cherchant une clarification : "Qu'est-ce que cela signifie ? N'est-il pas clair qu'il existe trois rôles professionnels distincts ?" Ou bien on pourrait faire valoir qu'en posant une telle question, on implique qu'il existe des situations où les termes sont liés entre eux et ne sont pas suffisamment distincts aux niveaux théorique et pratique.

En posant cette question, Turrill (1993), l'auteur du monographe, avait l'intention de souligner l'importance de tous ces termes (rôles professionnels) et plus important encore, de montrer comment tant dans la pratique que dans leur définition, les deux premiers termes sont souvent utilisés de manière interchangeable. Et si c'est (c'était) le cas, quelles sont les implications que nous devrions garder à l'esprit lors de l'élaboration des critères désirés et essentiels liés aux spécifications des postes de direction au sein du NHS ?

Turrill (1993) défend encore sa question en disant : "Ce n'est pas de la simple pédanterie", ce qui signifie que le leadership est difficile à définir et peut-être qu'en analysant de plus près et plus distinctement les pratiques de leadership et leurs liens avec le changement et l'innovation, donc le développement, nous pouvons nous faire une idée plus claire de la façon dont tous ces termes peuvent être et sont appliqués dans le contexte du NHS.

Le NHS est-il administré ? Le NHS emploie-t-il des gestionnaires ? Si oui, cela signifie-t-il qu'il emploie implicitement des dirigeants ?

L'auteur affirme en outre que les deux derniers termes, gestionnaires et dirigeants, sont "entrelacés" et qu'il est très difficile de les comprendre séparément. Là encore, cette affirmation peut être défendue contre la "pédanterie", car Turrill fait référence à la difficulté de séparer la façon dont les deux termes sont compris, mais peut-être ne seraient-ils pas si difficiles à séparer s'il existait une compréhension claire du type d'activités menées par les différents individus employés dans ces rôles. L'argument final de Turrill est que les caractéristiques personnelles et les attitudes déployées dans un rôle sont ce que signifie finalement le "leadership". Turrill insiste sur l'exécution réelle et testable de la gestion et du leadership.

Le leadership signifie être un leader, jouer un rôle de leader, prendre des responsabilités,

agir et être pour le bien de tous (Turrill, 1993).

Je pense que la question que j'ai choisie pour l'introduction de ce manuel est extrêmement pertinente pour ce que j'ai l'intention de proposer et de présenter à mon lectorat, à savoir :

1. Pourquoi est-ce que je m'adresse au personnel du NHS ?
2. Pourquoi est-ce que je pense que ce manuel pourrait être utile aux stagiaires des professions du conseil et de la psychothérapie ?

À la première question, il y a en quelque sorte une réponse double et pourtant simple : j'ai travaillé au sein du NHS en tant que psychothérapeute pour le personnel du NHS, et en tant que tel, le personnel du NHS et le NHS en tant qu'organisation sont pour moi ma spécialité, mon groupe de clients. Beaucoup peuvent se demander pourquoi j'insiste sur les employés du NHS, qui, bien entendu, sont et doivent être traités comme toutes les autres personnes. Il y a plusieurs raisons à cette insistance.

1. La première raison est que, grâce à des années de pratique, j'ai pu identifier des modèles de travail au sein du NHS en tant qu'organisation. Le chapitre 2, **Being Yourself Exercise, V.A.L.I.D.A.T.E**, fait spécifiquement référence à ces modèles de travail. Il est également clair pour moi que toutes ces stratégies peuvent être appliquées plus largement, à divers individus et organisations, mais il est de mon devoir de reconnaître comment de tels modèles et stratégies de travail ont été développés.

2. La deuxième raison est que ce manuel est né de l'amour, et a été écrit sous forme d'histoires, de stratégies et d'expériences vécues. Des transcriptions de séances types avec divers patients ont été fournies en tant que récit d'expériences vécues. Toutes les stratégies présentées ont été appliquées en pratique, testées avec des cas réels ; elles ne sont pas destinées à l'interprétation ou proposées à partir d'une position d'autorité, de privilège, de suppositions ou d'élitisme. Chaque stratégie a été créée et appliquée avec la seule intention d'apporter aide et soutien. J'espère qu'en le mettant à la disposition d'un public plus large, ce qui a été appris par ma pratique continuera à apporter aide et soutien à d'autres personnes.

3. Un troisième aspect de la raison pour laquelle ce manuel a vu le jour est en rapport avec une note parlementaire récente (Royaume-Uni) sur la santé mentale du personnel du NHS. La note parlementaire indique que le personnel du NHS a connu des niveaux élevés d'épuisement professionnel, d'anxiété et de dépression (généralement appelé *stress lié au travail*) avec des résultats de recherche mitigés sur l'impact de la santé mentale pendant l'épidémie de COVID-19.

La note parlementaire indique également que soutenir la santé mentale du personnel du NHS est vital pour un système de santé performant et continu, et que le moyen proposé pour assurer des conditions de travail saines est par un leadership efficace et un soutien par les pairs. (Wilson & Bunn, 2021)

Au moment où ce manuel sera publié, puisque toutes ces stratégies ont été créées avant COVID-19, la pandémie actuelle pourrait se trouver à un stade différent. Cependant, les expériences apprises et/ou la pratique appliquée pendant ces périodes sans précédent peuvent être d'une grande pertinence pour les développements futurs au sein du NHS et le développement du leadership dans le NHS. Néanmoins, il n'y a aucune raison de penser que les stratégies proposées et les cas présentés sont conçus pour des périodes sans précédent ; peut-être plus encore pour des aspects socio-économiques et politiques sans précédent de la vie au Royaume-Uni. Le chapitre 5 aborde ces questions en lien avec le Brexit et les événements COVID-19.

La structure du livre est simple et directe, et suit la façon dont les stratégies ont été développées et appliquées. Le chapitre 2 présente diverses stratégies, dont l'exercice *"Être soi-même"*, accompagné d'une étude de cas, *Choices for Friday at 9am (Choix faits un vendredi à 9h du matin)*, transcription d'une séance avec un patient qui évoque la difficulté de négocier la transition et le changement dans un cadre du NHS. Peut-être que beaucoup de choses ont changé depuis le COVID-19, ou peut-être pas tant que ça, et c'est exactement ce que les études présentées pourraient mettre en évidence, spécifiquement au sein du NHS et pour le personnel du NHS.

Le NHS a-t-il un leadership ? Si oui, qui le sait et comment sait-on que c'est le cas ? Plus important encore, en menant des entretiens approfondis avec quelques personnes sélectionnées, ces questions sont devenues beaucoup plus pertinentes : ma pratique réflexive et mon approche de cette épistémologie ont contribué, de manière interprétative, à la façon dont ces expériences ont été abordées, écoutées et explorées. J'ai travaillé au NHS pendant plus de 5 ou 6 ans et cette expérience m'a permis de créer une dynamique d'entretien sûre et sans position de pouvoir. Je n'étais pas employée par le NHS à cette époque, et je ne l'ai jamais été ; le NHS en tant que système et organisation était plutôt un client. Il s'agissait d'un contrat honorifique, un service public en tant que tel.

La proposition de Sandra Harding sur la théorie du point de vue va être appliquée pour comprendre où je me situe par rapport aux connaissances évaluées et aux connaissances contenues dans chacun des chapitres présentés. La théorie de Harding concerne la production de connaissances, ou bien une perspective théorique féministe qui soutient que les connaissances sont produites à partir de la position sociale d'une personne (Harding, 1995). Les idées de Harding vont au-delà d'un schéma simpliste tel que celui dont j'ai parlé jusqu'à présent : La théorie de Harding sur le point de vue est une méthodologie épistémologique, une façon de penser à la production de la connaissance, par qui et comment cette connaissance est produite.

Dans un ajout intéressant à ses écrits, en 2015, Harding propose *"l'objectivité et la diversité comme une autre logique de la recherche scientifique"* ; il est fort possible que la forte objectivité, le concept initial et central de la théorie du point de vue, ait été maintenant remodelée en objectivité du point de vue de la diversité. J'espère que c'est le cas et j'ai certainement l'intention de faire exactement cela dans ce que je présente. En fait, j'ai l'intention d'aller plus loin et d'indiquer que je peux, et que je vais, me positionner à la fois dans et hors de la connaissance produite.

Je suis convaincue que j'y suis parvenue, en particulier en créant l'*exercice de gestion des émotions* et la *stratégie du temps pour soi et des affirmations positives* décrits au chapitre 3 (*Gestion du changement, de l'anxiété et de la dépression*).

Ma position dans la rédaction de ce chapitre est celle d'un observateur actif. Par conséquent, j'ai utilisé et détaillé des méthodes de recherche phénoménologiques, par exemple, le modèle phénoménologique transcendantal développé par Moustakas (1994), la recherche d'expériences vécues, l'analyse phénoménologique interprétative et une approche méthodologique et critique de psychologie de la communication, de la collecte de données et des questions d'éthique dans la recherche et l'écriture. (Van Manen, 1997)

Un thème récurrent dans tous les aspects de la recherche présentés est une épistémologie critique de la psychologie, y compris mon propre point de vue en décidant d'enquêter sur un tel sujet. Est-il institutionnalisé ? Ou est-il libre du "potentiel" désir élitiste d'apporter la connaissance et le changement ? Quelles sont mes motivations ? En tant que chercheur, quelle est ma position, connaissant, ne connaissant pas ou faisant partie intégrante de la production de connaissances à partir d'une position de différence et désireuse de contribuer à un volet différent de connaissance et de l'analyse ?

Toutes ces questions sont illustrées dans le chapitre 4 (*La thérapie de couple et la recherche de solution grâce aux rencontres thérapeutiques*) où j'ai exploré comment diverses associations dans le travail de la thérapie de couple peuvent être interprétées et conceptualisées. De même, diverses questions sur ma situation théorique sont abordées au chapitre 5, en particulier lorsque je discute des aspects de l'évaluation des services et des risques. Ce même chapitre 5 propose également une approche plus large et plus critique de l'*Accès et communication dans les professions de la psychothérapie et du conseil* du point de vue de la législation privée et politique, des principes et de l'assimilation de la pratique des directives de bonne pratique.

Tout au long du texte et de la recherche de fond, les perspectives de l'épistémologie féministe critique combinée à une approche constructiviste sociale vont être élaborées avec des cas spécifiques et des concepts liés, des lignes directrices et des principes de pratique. Le cadre de la psychothérapie et du conseil va entrer sur un terrain psychosocial lors de la discussion du *cas du Brexit et du Covid-19* au chapitre 6. De même, pour les lecteurs avertis comme pour les novices, je vais théoriser et interpréter le contexte du NHS en tant que système de service public (comportements et conduite) plutôt que de mesurer l'efficacité du leadership. C'est là une lecture correcte et une mise en avant voulue ; j'étais, et je suis toujours, plus intéressée par le comportement compatissant du leadership qui peut être mis en action et qui est mis en œuvre. A divers endroits du texte, une approche socioconstructiviste du leadership peut être remise en question en tant que proposition, et j'espère régler ce problème en présentant un argument solide en faveur de l'engagement à la fois de la perspective socioconstructiviste et de l'auto-analyse lors de l'examen des arguments en faveur du Brexit et du climat sociopolitique et économique de COVID-19.

Une perspective socio-constructiviste étendue et plus élaborée est incluse dans le chapitre 7, lorsque je présente le cas du *Blog d'un thérapeute* et l'analyse de *L'apprentissage reste avec moi*.

Un examen parallèle et similaire est détaillé en rendant accessibles les transcriptions d'échantillons de sessions de mon travail avec le personnel du NHS. Nous pensons que le NHS peut et pourrait être considéré comme un contexte "d'apprentissage" pour le développement *potentiel* du leadership et peut très probablement être conceptualisé comme tel. Existe-t-il des compétences de leadership et/ou des programmes de développement du leadership qui traitent de telles compétences, particulièrement pertinentes pour les périodes de transition et les changements au sein de la structure de chaque département ou de chaque service, lorsque les niveaux de stress de l'ensemble du personnel peuvent fluctuer avec des niveaux de stress potentiellement élevés pour toutes les personnes concernées ? Par exemple, le COVID-19 comme étape de transition(s). Comment ces compétences sont-elles testées ? Toutes ces questions sont abordées dans les stratégies proposées et en tant qu'aspects de la pratique réflexive dans le dernier chapitre, le chapitre 8 : *Pratique réflexive dans les professions de la psychothérapie et du conseil.*

Ce manuel envisage des formes qualitatives d'analyse des données par le biais d'études de cas et de transcriptions, et en tant que tel, tout le matériel de cas est, à ce moment-là, considéré comme des grappes de connaissances ou d'idées sur la façon dont les stratégies et l'auto-assistance en action peuvent et sont informées par les récits et les expériences de vie vécues. Les stratégies proposées ici peuvent potentiellement informer les pratiques de leadership à plus grande échelle ou, au moins, servir de base de connaissances et de preuves des expériences vécues. J'espère avoir été en mesure de présenter les modèles identifiés et les données collationnées de manière significative ; que les données recueillies, c'est-à-dire les transcriptions et les études de cas, peuvent directement informer les plans de développement, les projets et la mise en œuvre du changement et de l'innovation pour le NHS en général ou pour les personnes employées dans le NHS et leurs domaines auto-identifiés de besoins ou de soutien.

L'identité du leadership au sein du NHS va être remise en question, mais pas nécessairement celle des leaders individuels ; les questions sur la façon dont les deux peuvent être séparées demeurent.

Un dernier aspect à considérer est celui de l'examen des systèmes de soutien existants et de l'accès au soutien au sein du NHS ou au sein d'une profession de psychothérapeute et/ou de conseiller. Bien que cela ne soit pas détaillé dans ce manuel, je suis fermement convaincue qu'il existe des associations significatives entre le rôle du travail dans le NHS et le début d'une carrière en tant que psychothérapeute et/ou conseiller. Je pense que les similitudes concernent les systèmes de soutien, la formation et l'engagement dans un rôle de soutien où la vie des autres dépend de la prise de ce *risque* et l'endossement de ce rôle. Peut-être qu'une autre similitude réside dans le fait qu'il s'agit de l'identité d'une personne et des défis qu'elle doit relever pour reconnaître que la résilience est le statu quo.

Les systèmes de soutien sont essentiels pour négocier les étapes de transition dans la vie d'une personne. Ces systèmes de soutien réussissent-ils à promouvoir la reconnaissance des défis et des difficultés qui sont potentiellement prévalents au niveau national (plutôt qu'à des niveaux régionaux spécifiques ou même à des niveaux choisis au hasard) au sein du NHS ?

Ce manuel n'a pas cette réponse. Peut-être que cela pourrait être formulé comme une limitation cruciale de ce texte. Mais nous pouvons également le considérer comme une proposition pour les prochains écrits sur le même sujet. Et c'est une attitude que j'ai fortement appliquée et que j'applique toujours dans tous mes travaux. Quel est l'apprentissage, alors ? Eh bien, j'espère que les lecteurs, après avoir lu ce manuel, seront capables de discerner et de réfléchir à leurs propres réponses à cette question.

Références

Bridges, W., & Bridges, S. (2017). *Managing transitions: Making the most of change*. Philadelphia: Da Capo Press.

Harding, S. (1995). "Strong Objectivity": A Response to the New Objectivity Question. *Synthesis*. Vol. 104(3), pp. 331-349.

Hse.gov.uk. 2021. [en ligne] Disponible sur : https://www.hse.gov.uk/aboutus/strategiesandplans/health-and-work-strategy/workrelated-stress.pdf [Consulté le 3 mars 2021].

Moustakas, C. (1995). *Phenomenological research methods*. Thousand Oaks: Sage Publications.

Smith, J., Flowers, P., & Larkin, M. (2013). *Interpretative phenomenological analysis*. London: Sage.

Turrill, T. (1993). *Change and innovation: A challenge for the NHS*. Thirsk: G.H. Smith and Son.

Van Manen, M. (1997). Researching lived experience. New York: Althouse.

Wilson, C., & Bunn, S. (2021). Mental health impacts of COVID-19 on NHS staff. Récupéré le 19 mars 2021, sur https://post.parliament.uk/research-briefings/post-pn0634.

CHAPITRE 2. L'auto-assistance pour les individus et les organisations

Être soi-même (Being Yourself Exercise) et V.A.L.I.D.A.T.E.

La stratégie suivante a été élaborée à partir d'entretiens avec plus d'une centaine d'employés du NHS provenant de différents départements de plusieurs NHS Trusts au Royaume-Uni.

Le travail a été finalisé en créant un schéma global d'événements et d'expériences de travail qui ne pouvaient pas être attribués au monde interne des clients.

L'exercice comprend une expérience pratique qui s'étend sur plus de cinq ans, et chaque cas individuel est abordé dans au moins un aspect de la stratégie V.A.L.I.D.A.T.E. La santé mentale et le bien-être du personnel du NHS sont représentatifs d'un système de soins public qui a la responsabilité de l'ensemble de la population britannique. Les autres formes de soins privés au Royaume-Uni sont généralement fournies en référence à la prestation de services de santé du NHS et/ou fournies par le personnel du NHS en exercice dans le secteur de la santé privée.

Les cas individuels présentés sont le point de départ d'une réflexion sur ce qu'est et comment fonctionne un système public de santé et dans quelle mesure ces responsabilités sont déléguées et réparties sur l'ensemble de la population d'un pays ; la stratégie pose la question de savoir si la vie de plusieurs devient celle d'un seul.

L'exercice *Being Yourself (Être soi-même)* est un outil particulièrement utile à appliquer dans toutes les instances impliquant une transition organisationnelle ou une transition personnelle qui se sent en conflit ou en difficulté.

Être soi-même, en tant qu'exercice, peut être conceptualisé comme une mise à jour et un réalignement des objectifs à long terme - par exemple, les perspectives de carrière ou la gestion du changement, en revalidant ou en évaluant les valeurs avec une application à de nouveaux développements ou situations.

Afin d'illustrer l'exercice *Being Yourself (Être soi-même)*, ce chapitre présente des cas provenant de différents patients, y compris les questions introspectives des clients sur les valeurs et les normes.

J'ai formulé toutes les questions autour d'un acronyme, V.A.L.I.D.A.T.E. (*valider*), illustré par les cas sur l'attitude au travail auto-déclarée et mis en contraste avec les NORMES concernant l'organisation pour laquelle les différents cas travaillent actuellement ou y cherchent un emploi. C'est ainsi que V.A.L.I.D.A.T.E. (*valider*) est conceptualisé et, pour cet exercice, j'ai utilisé le terme comme une confirmation ou une approbation d'un changement souhaité, c'est-à-dire repenser un rôle professionnel spécifique. Nous pouvons généraliser cette stratégie à divers autres rôles transitifs et/ou événements de la vie.

Toutes les formes d'organisations, des organisations gouvernementales aux organisations non gouvernementales et dans tous les secteurs et types d'économie peuvent utiliser V.A.L.I.D.A.T.E. (*valider*). Elle intègre des pratiques inclusives et guide les nouvelles formulations et politiques à tous les niveaux d'une organisation.

L'exercice *Being Yourself (Être soi-même)* est une autre appellation de la même stratégie, et il s'adresse aux personnes ayant un emploi ou cherchant des réponses aux étapes transitoires de leur vie professionnelle. Cet exercice a été publié pour la première fois en juin 2019 dans le cadre d'un blog mensuel pour www.newbeginningspage.com.

V.A.L.I.D.A.T.E.

V = Valeurs

Aussi sensé que cela puisse paraître, prendre le temps d'une brève réflexion sur les valeurs personnelles liées au travail peut être un bon point de départ pour répondre à certaines anxiétés concernant un nouvel emploi ou une réévaluation d'un rôle professionnel actuel dans sa carrière.

Les valeurs sont différentes pour chacun et sont sujettes à des changements. Si elles sont identifiées et renvoyées à leur domaine de valeurs, ces fluctuations ou ces changements peuvent fournir des informations sur les meilleurs moyens d'aborder l'anxiété liée au travail et/ou de gagner en clarté pendant une période de changement organisationnel ou un choix actif de changer d'emploi.

Les deux domaines de valeurs liés au travail les plus évidents sont l'environnement de travail et l'éducation (par la formation et/ou le développement personnel sur le lieu de travail). Par exemple, certaines questions pertinentes qui se posent dans de tels cas sont les significations attachées à un rôle professionnel spécifique, c'est-à-dire que travailler au sein d'une équipe signifierait avoir un sentiment d'appartenance, et le type de compétences visées pour un développement ultérieur. Les valeurs diffèrent des objectifs fixés et, parfois, sont le raisonnement qui sous-tend les objectifs spécifiques fixés ou les tâches auto-assignées. Les questions portant sur le type de compétences et de qualités personnelles que l'on souhaite réaffirmer dans le cadre d'un rôle nécessiteraient de fixer des objectifs correspondants en recherchant une formation spécifique et/ou en établissant des relations de travail plus solides. Un examen plus approfondi des domaines de valeurs liés au travail impliquerait la prise en compte de domaines correspondants qui ne sont pas apparents en première analyse. Par exemple, les valeurs liées à l'éducation des enfants et au rôle de modèle, le type de relations que l'on souhaite développer à des moments spécifiques de la vie. Quel est le type de communauté dans laquelle vous aimeriez vivre et y contribuer ? Là encore, ces questions sont liées entre elles et implicites dans une évaluation du domaine de valeur lié au travail.

De même, les questions relatives au bien-être et à la santé personnelle font toutes partie de domaines de valeurs interdépendants, avec une relation évidente avec les choix professionnels et les changements organisationnels, qui impliquent de recréer et de réfléchir à des objectifs spécifiques à des moments distincts. Les valeurs liées à la parentalité et au rôle de modèle impliquent des décisions concernant la flexibilité des horaires et du lieu de travail à temps partiel, la progression de la carrière, etc. La contribution à la communauté et les valeurs liées aux devoirs civiques et à l'environnement peuvent conduire à rechercher des rôles spécifiques au sein d'une communauté ou en parallèle d'un rôle professionnel actuel, par exemple le bénévolat, l'engagement et l'investissement dans des programmes communautaires, la promotion ou le financement de causes spécifiques, etc. Tout cela semble beaucoup à considérer, mais en fait, chaque cas individuel peut discerner et faire des choix en fonction de ses circonstances personnelles et des valeurs attachées au domaine professionnel. J'ai souvent rencontré des cas qui se sentaient empêtrés dans l'impossibilité de faire des choix, avec une grande insatisfaction concernant les spécificités de leur travail à différents moments. Après avoir rempli un questionnaire sur les valeurs, les choses peuvent sembler moins difficiles : il s'agit d'une première tâche dans l'élaboration d'une cartographie personnelle de ses valeurs et l'identification des conflits existants.

A = Assessing (évaluation)

Cette étape implique une auto-évaluation des valeurs personnelles, en enregistrant ou en notant les domaines de valeurs professionnelles idéales identifiées à l'étape précédente.

Les domaines de valeurs qui sont identifiés comme étant actuellement significatifs et dont l'observation éventuelle diffère en fonction des autres domaines de valeurs. Par exemple, si dans un rôle professionnel antérieur, la valeur du domaine de travail ne tenait pas compte des valeurs attachées à la famille et à la vie sociale, ou s'il y a actuellement un besoin de reconsidérer le lieu de travail, les déplacements, etc. Il est également possible que les changements soient plus subtils, comme avoir une opportunité d'implication dans un projet spécifique liés à nos croyances environnementales, ou un besoin de suivre une formation. À différents stades de l'évolution de la carrière, on peut identifier de nouvelles valeurs ajoutées, comme le désir de partager des connaissances ou de développer une branche différente de son rôle actuel. Une telle adaptation pourrait être réalisée par l'enseignement, le mentorat ou peut-être par l'acquisition de connaissances spécialisées dans votre domaine de travail.

L = Listing (Lister)

Cette étape consiste à créer une liste prioritaire de tous vos idéaux de valeurs liés au travail.

I = Identifying (identifier)

Cette étape fait référence à un processus d'identification de trois critères : 1. Les aspects de votre travail qui correspondent à vos idéaux de valeurs ; 2. Les aspects souhaités qui ne sont pas momentanément présents ; 3. Plusieurs aspects de votre rôle qui se contrastent et/ou sont en conflit. Après avoir identifié tous ces aspects, vous pourriez créer un tableau à trois colonnes et attribuer les trois critères à chacune de ces colonnes.

Ce processus serait suivi d'une brève évaluation basée sur des questions liées aux NORMES de l'entreprise/organisation/agence pour laquelle vous travaillez actuellement ou pour laquelle vous cherchez un emploi futur. Quelles sont les normes énoncées par votre employeur et comment ces normes sont-elles liées aux critères que vous avez identifiés ? Cette étape est cruciale à plus d'un titre, car elle peut aussi identifier des sources de stress ou d'anxiété liées à votre rôle actuel et à des conflits de domaines de valeurs spécifiques reconnus. Par exemple, une reconversion pour travailler dans un environnement communautaire et comme un soutien de proximité, peut être vécu comme un changement significatif par rapport au fait d'être basé dans un bureau et de travailler au sein d'une équipe pour le même rôle. Cette situation peut être ressentie comme très stressante, un poste de proximité étant perçu comme une réduction considérable du soutien du réseau, du sentiment d'appartenance à une équipe, de la disponibilité de différentes possibilités de formation et de développement personnel, etc. Tous ces aspects sont liés aux valeurs du domaine que sont l'environnement de travail, les relations collégiales, les possibilités de formation et l'appartenance à un groupe par opposition au fait de se sentir isolé de tous les membres de son équipe. Les aspects positifs du travail en solitaire pourraient être une plus grande flexibilité et efficacité, le développement de connaissances spécialisées ou pointues, etc. Cependant, si les valeurs de votre domaine sont en conflit avec les tâches existantes et les spécificité de ce nouveau poste, un tel conflit peut générer un niveau de stress élevé et plusieurs autres difficultés dont le degré de gravité peut varier. Un autre exemple pourrait impliquer une progression positive dans votre rôle par l'ascension à une position hiérarchiquement supérieure et, en évaluant tous les nouveaux développements, on se rend compte que des aspects spécifiques du domaine de valeurs sont perdus ou en opposition. Il est primordial d'identifier toutes ces sources de conflit pour pouvoir passer à l'étape suivante, celle de la délimitation et de la révision de tous les changements potentiels qui pourraient être apportés.

D = Delimiting (la délimitation)

Cette étape consiste à délimiter ou à démarquer tous les changements potentiellement conflictuels en confrontant votre rôle actuel et le résultat souhaité. Cette étape ne concerne que la délimitation des domaines de valeurs et non les objectifs fixés. Par exemple, travailler au sein d'une équipe et non en tant qu'indépendant, ou chercher à progresser dans votre carrière en respectant

vos valeurs, c'est-à-dire en partageant votre expérience et vos connaissances, d'où la recherche active d'opportunités de mentorat, de collaborations au sein de divers réseaux et l'extension de votre réseau de soutien actuel. Une décision sur votre progression de carrière peut être conceptualisée comme apportant ou offrant une opportunité pour de tels ajustements. Il semble que de tels choix se manifestent dans le cadre d'un poste existant vécu comme non stimulant. Un changement de votre situation introduirait une variété de défis identifiés et alignés sur vos domaines de valeurs.

A = Aligning (alignement)

Si une situation particulière se présente, telle qu'une restructuration de votre poste, un changement de direction ou une perte d'organisation, un changement rapide dans la composition de l'équipe, un redéploiement, une modification d'aspects importants de votre poste, comme une formation professionnelle, ou une progression de carrière et un développement personnel, toutes ces situations sont potentiellement perçues ou "ressenties" comme négatives (perte) ou positives (opportunité).

Indépendamment de ces significations attachées de valence positive et négative, tous ces changements peuvent impliquer des niveaux élevés d'anxiété et de stress.

En se concentrant sur les domaines de valeurs évalués à l'étape 2 (*Assessing*, évaluation), en créant une liste de tous les domaines de valeurs souhaités (*Listing*, lister), en regroupant toutes les valeurs de ces domaines identifiés en trois catégories : actuellement existantes, inexistantes et en conflit ou conflit potentiel (*Identifying*, identifier), suivi d'un exercice portant sur la résolution des conflits existants et l'évaluation de tous les résultats souhaités (*Delimiting*, délimiter ou démarquer), il en ressortira une image claire du **pourquoi**, du **où** et du **comment** de votre situation actuelle, avec une opportunité d'**aligner** ou de réaffirmer vos valeurs qui sont fondamentalement essentielles à votre situation actuelle et aux changements impliqués.

Cette tâche nécessitera la création d'une liste de domaine de valeurs et de changements recherchés offrant une compréhension claire des options restantes. Si l'on considère l'exemple précédent, une demande à ce stade impliquerait une décision finale sur la question de savoir si le travail dans un cadre communautaire, sans poste de bureau, est votre meilleure option ou si le travail en équipe et le développement de relations de travail sont des valeurs primaires à prendre en considération. Il se peut qu'un ajustement du rôle existant doive faire l'objet d'un examen plus approfondi en termes de potentialités accessibles et de possibilités de (re-)formation. De même, cette étape va permettre de mieux comprendre la définition des objectifs/tâches et la révision des objectifs existants (à long terme, à moyen terme et à court terme), ce qui constitue l'étape suivante.

T = Tasks (tâches)

Cette étape consiste à fixer de nouveaux objectifs alignés sur vos valeurs professionnelles primaires reconnues et sur les changements recherchés. Cette étape du processus est entièrement dédiée à la conception d'un plan d'action où vous tenez compte des introspections et des évaluations des étapes précédentes. Si l'on prend l'exemple précédent, il s'agirait de reconsidérer votre rôle professionnel, où le développement de relations de travail et le travail en équipe avec des interactions en face à face sont considérés comme essentiels à votre satisfaction professionnelle et où le travail communautaire de proximité est considéré comme considérablement insuffisant sur ces aspects.

La tâche consisterait alors à rechercher des possibilités d'emploi qui tiennent compte de ces changements ou, au minimum, à examiner les possibilités existantes dans le cadre du rôle actuel, c'est-à-dire le réseau lié au travail ou l'accès au soutien par les pairs.

E = Empowered/Enabled (autonomisé et habilité)

Cette dernière étape implique une révision de vos étapes précédentes et de votre plan d'action conçu avec un renforcement et une reconnaissance des significations attachées au système de valeurs. Une telle introspection permet d'identifier un sentiment d'habilitation et d'autonomisation et, si ce n'est pas le cas, de clarifier au moins vos *attentes* en matière de travail.

Pour reprendre un exemple précédent, si une progression dans votre carrière est la prochaine étape, mais que vous êtes anxieux à l'idée d'une telle tâche, cet exercice vous aurait permis d'identifier clairement les conflits existants et les tâches à accomplir. Par exemple, s'il s'agit d'une restructuration du département par laquelle votre poste ne sera plus disponible et qu'il y a une possibilité de progression dans un nouveau poste, les considérations potentielles auraient impliqué toutes les étapes de l'analyse et de l'identification de l'endroit et de la raison du conflit, c'est-à-dire le nouveau poste, même s'il est clair qu'une progression de carrière impliquerait également moins de temps à pratiquer ou moins d'opportunités d'acquérir des connaissances spécialisées et de développer des projets basés sur les principaux intérêts et passions.

Inutile de mentionner un fait vérifié, à savoir que les valeurs et les domaines de valeurs liés au travail sont extrêmement particuliers à chaque individu, et que cet exercice ne peut apporter une clarification que lorsque tout est réfléchi, vous aidant à concevoir votre plan d'action lié au travail. L'utilisation de l'acronyme V.A.L.I.D.A.T.E. (*valider*) rend ce processus structuré, évaluatif, autoréflexif et sa pratique peut être simplifiée en concevant des plans d'action lorsque les conflits au sein des rôles existants sont déjà reconnus d'une manière ou d'une autre, mais une revue des changements doit avoir lieu dans un délai déterminé. Si tel est le cas, un tel processus pourrait être réalisé en ne menant toutes les analyses qu'à partir de l'étape D (Délimitation/Démarcation) jusqu'à l'étape E (Activation), d'où D.AT.E. comme nouvel acronyme et un temps explicite décidé pour le changement.

Un exemple d'un cas impliqué dans la création de V.A.L.I.D.A.T.E

Choix du *vendredi à 9 heures* : où est le cœur ?

Vendredi à 9 heures, mon rendez-vous hebdomadaire entre dans la salle de consultation et s'assoit sur sa chaise habituelle près de la fenêtre. Je l'accueille et quitte mon bureau pour m'asseoir sur une chaise, créant ainsi un espace thérapeutique symbolique - je suis attentive ; je fais face à *Vendredi 9 heures*, contenant son espace de sureté confidentiel, plutôt que d'être assise à mon bureau avec un ordinateur et un bloc-notes. Les vendredis à 9 heures sont réservés pour les six à sept semaines suivantes, une moyenne de six pour ainsi dire, parfois une semaine supplémentaire si dans les semaines intermédiaires un rendez-vous est reporté pour des raisons de formation ou autres. La séance commence comme d'habitude avec une patiente qui récapitule sa séance de la semaine dernière et fait brièvement le point sur l'évolution de sa situation actuelle. Elle est posée et il semble qu'elle ait utilisé son temps entre les sessions pour réfléchir. Le *Vendredi à 9 heures*, il s'agit d'un membre senior d'un grand département au sein d'un NHS Trust, son nom étant imprimé comme auteure sur la plupart des politiques que le Trust doit revoir tous les trois ans. La cliente n'est pas au courant que je détiens cette information à son sujet - elle m'a été adressée par le service de santé au travail, et ce n'est que par hasard que j'ai reconnu son nom de mémoire. Lors de la signature de mon contrat honoraire, j'ai lu la plupart des politiques organisationnelles du Trust.

Pendant les séances, les réflexions de la cliente racontent une histoire de souffrance et un besoin de guérison. *Vendredi à 9 heures* se trouve à la croisée des chemins et doit faire des choix difficiles concernant son rôle au sein du Trust en raison d'une inévitable restructuration du service. D'ici quelques mois, la cliente n'aura plus d'offre d'emploi avec une description de poste correspondant à son rôle actuel, et surtout sans aucun aspect spécifique lié à son rôle clinique. Le dévouement de la cliente pour son travail et pour le Trust est indiscutable et quelque peu difficile à mesurer, sauf si l'on considère que la cliente a commencé à travailler pour le NHS immédiatement après sa formation médicale, il y a trois, voire quatre décennies. Le NHS Trust est ce qu'elle appelle sa famille, son foyer, avec des liens si forts qu'on ne la mentionne et l'identifie que par se rôle.

Le troisième choix Au moment de ses séances, l'objectif thérapeutique de la cliente est de décider de son prochain changement de carrière entre deux choix qui sont réellement ressentis et perçus par ma cliente comme n'étant pas des options d'emploi véridiques et valides. En ce qui concerne le premier choix, la cliente me dit que si elle l'opte, elle le vivra comme une rétrogradation. Pour ce qui est de la deuxième option, la cliente la décrit comme un processus similaire à la résolution d'un conflit pour un licenciement, avec des possibilités futures pour la cliente de chercher un emploi soit dans le secteur privé de la santé, soit dans un autre service du NHS. J'écoute le récit de la cliente, qui me raconte une histoire d'amour et de trahison : son travail est décrit comme son partenaire pour la vie, mais les récents changements proposés par le directeur du NHS lui donnent l'impression qu'elle n'est plus désirée, et la douleur est insupportable. *Vendredi à 9 heures* a consacré sa vie à ce partenariat, il doit sûrement y avoir une reconnaissance de cela sous une forme ou une autre, mais au lieu de l'amour, elle ressent la trahison.

Tout n'était que brouillard, le sentiment de la cliente est qu'il lui reste peu de temps et qu'elle a peu d'options pour que les choses changent, son récit des événements étant urgent et alarmant. En écoutant attentivement la cliente développer son histoire, elle s'exprime de façon très claire, avec une insistance et une éloquence sur le sentiment de manquer de temps. Ce sentiment est transféré dans la salle pour une brève analyse et presque immédiatement remis en question. Pour commencer, dans un examen collaboratif, la cliente a revisité le moment où a débuté la difficulté, précisément le moment où la cliente a été informée des décisions et des annonces concernant les futurs changements structurels du département.

En raison de l'ancienneté de son rôle et de son implication dans le département, *Vendredi à 9 heures*, comme tout autre membre du personnel, a été consultée sur ses options et, de plus, on lui a demandé de rédiger une proposition pour cette restructuration. En m'expliquant dans la salle ce qu'on lui demandait, *Vendredi 9 heures* a eu une révélation : il existe un troisième choix. *Vendredi 9 heures* s'est rendue compte qu'au cours de la restructuration de son service, un poste de cadre supérieur était vacant dans le service nouvellement restructuré et qu'elle avait donc la possibilité de faire la transition et d'évoluer vers un poste où elle pourrait poursuivre son travail clinique. Avant de discuter de la restructuration de son service, *Vendredi à 9 heures* n'avait pas envisagé une telle option. L'identification de la cliente à son rôle professionnel, à l'ensemble de sa carrière au sein du NHS, à toutes ses associations et valeurs alignées sur des normes spécifiques semblait sentie perdue. Lorsque la troisième option a été identifiée, le brouillard s'était levé. Les choix étaient maintenant bien définis avec une détermination retrouvée sur ce qui va suivre : un plan d'action développant et définissant l'objectif convenu pour les sessions.

Vendredi à 9 heures a quitté la salle après sa dernière séance en se rappelant que son dévouement à son rôle professionnel et au NHS Trust n'est pas brisé : ses séances portaient sur la transition, la vérification des valeurs défendues par rapport aux normes professionnelles et la validation de son souhait de poursuivre les aspects cliniques de son travail par rapport à sa décision d'occuper un poste de direction. La cliente a pu reconnaître qu'elle est en position de négocier son futur emploi et son rôle au sein du NHS Trust, le Trust devant reconnaître ces choix. *Vendredi à 9 heures* a également répondu aux questions concernant la volonté de renoncer un jour aux aspects cliniques de son rôle professionnel et à l'adhésion implicite à ses associations professionnelles de longue date. Pour *Vendredi à 9 heures*, il a été fortement affirmé que cela ne serait jamais une véritable option : ses valeurs sont des normes et vice versa.

Où est le cœur ? On peut se poser la question, oui, mais qu'y a-t-il de nouveau dans une telle affaire ? La loyauté et l'attachement du personnel du NHS à son rôle professionnel sont bien documentés, et le NHS est une grande famille unie, ce qui est un fait hautement reconnu, ne serait-ce qu'en consultant la Constitution du NHS ou les valeurs et normes énoncées par chaque NHS Trust pour son travail avec son personnel et le public.

Je suis d'accord, les choix du *Vendredi à 9 heures* concernent toutes ces connaissances, universelles et accessibles, ces faits ne sont pas à contester, et encore une fois, il y eu des moments avec *Vendredi à 9 heures* où je me suis demandée qui était entré dans ma salle de consultation. Il y avait un véritable cœur qui battait avec moi dans la pièce, mais ce qui était également évoqué avec certitude, c'est que, par moments, un couple-client était présent dans la pièce ou au moins un autre client dans la pièce en plus de *Vendredi à 9 heures* : le NHS Trust.

Le NHS Trust a été analysé à travers sa présence organisationnelle, pulsant dans la pièce à travers sa relation dynamique avec ma cliente. Dans de tels moments, "Où était le cœur ?" aurait été une mauvaise question à poser. *Vendredi à 9 heures*, ma cliente, s'est vu rappeler que le NHS en tant qu'organisation est une entité en constante évolution, qui change et progresse, et que *Vendredi à 9 heures* fait partie intégrante de cette évolution. La progression et les options de *Vendredi 9 heures* étaient également des progressions et des options pour le NHS Trust - qu'il s'agisse d'une progression ou d'une option. La progression et les options de *Vendredi à 9 heures* étaient également des progressions et des options pour le NHS Trust - si cela devait également être considéré comme une relation dynamique entre les deux clients, cela n'aurait pu être remis en question que si ma cliente était restée en position de débat pour son emploi avec ce Trust-ci. On peut dire que ma présence dans la pièce a certifié une telle dynamique, en la médiatisant et en la faisant reconnaître par les clients ; mon contrat honoraire a maintenu toutes les allégeances à distance dans un cadre éthique fiable et stable. Les directives de la BACP (British Association for Counseling and Psychotherapy - *Association Britannique pour le Conseil et la Psychothérapie*) pour les bonnes pratiques et le travail dans les services de conseil et de psychothérapie sont directives et j'ai toujours reconnu que les services de psychothérapie offerts au personnel du NHS par le biais d'un contrat honoraire et d'une thérapie sur le lieu de travail signifiaient que le NHS en tant qu'organisation était également mon client. Mon travail a été consolidé par une structure existante d'un service de conseil psychothérapeutique dédié au personnel du NHS, cette structure contenant et protégeant les services fournis en toute impartialité : pas de politique organisationnelle impliquée, mais une culture d'aide et d'orientation prévalait également à travers les politiques mêmes qui étaient signées avec le nom de mon client.

Le vendredi à 9 heures était un moment où une négociation contractuelle avait lieu, avec des questions sur l'adaptation et l'ajustement aux exigences imposées par des facteurs organisationnels externes.

Certains des aspects impliqués étaient la restructuration du département et des facteurs dynamiques internes de confiance en soi et/ou de réalignement des valeurs établies, par exemple, la reconfirmation de ma cliente de l'importance de sa pratique clinique.

Le vendredi à 9 heures était une pause dans le temps dédiée et honorant un membre du personnel du NHS qui avait besoin de réaffirmer son allégeance, et un rappel pour un Trust du NHS de prendre contact, toujours prendre contact avec des valeurs et des normes élevées, mais plus important encore, prendre contact avec les rythmes créés par ses propres cœurs qui battent. *Vendredi à 9 heures* est l'un des nombreux exemples de la création de l'exercice *"Being Yourself (Être soi-même)"*, de V.A.L.I.D.A.T.E et de D.A.T.E. *Vendredi à 9 heures* est mentionnée dans les aspects relatifs aux valeurs qui représentent le I (Identification) de l'acronyme V.A.L.I.D.A.T.E. L'identification (I) du conflit entre les valeurs et les normes proposées, un moment crucial pour que la cliente se concentre sur ses options d'emploi, renommées dans cet exemple : **"Choix pour le *Vendredi à 9 heures*"**.

Comment le V.A.L.I.D.A.T.E peut être appliqué comme exercice :

Être soi-même: Gérer l'anxiété liée aux changements organisationnels *par New Beginnings Therapy (La thérapie des nouveaux départs)*

Objectifs * Redéfinir et renforcer la compréhension et les signification attribuées à des situations spécifiques avec des VALEURS et des STANDARDS * Acquérir une plus grande clarté sur le sentiment d'identité dans divers contextes et environnements.

V.A.L.I.D.A.T.E.

(Valider)

V = Values (Valeurs)

Explorer différents domaines de valeur liés au travail Par exemple : * les valeurs liées à un environnement de travail spécifique * l'éthique * les relations de travail et collégiales * les compétences et les formations * les politiques d'équilibre travail-vie privéeù * les valeurs liées à la parentalité et au rôle-modèle * la vie sociale et la famille * le bien-être personnel * les devoirs communautaires et civiques

Note Les valeurs sont différentes des objectifs et peuvent changer avec le temps, en fonction des événements dans nos vies, nos expériences, des circonstances, ou des réalignements initiés par une expérience professionnelle ou éducative en contraste avec l'environnement actuel.

A = Assessing (Evaluation)

Poursuivre l'évaluation des valeurs personnelles et créer un registre des domaines de valeurs professionnelles identifiés à l'étape précédente. Noter aussi les variations ou les changements observés dans les domaines de valeurs actuels.

L = Listing (Lister)

Créer une liste avec des niveaux, de primaires à secondaires et même tertiaires dans leur importance, sur les domaines de valeurs au travail idéaux ou désirés.

Exemple : *Valeur primaire :* travailler pour une entreprise éthique *Valeur secondaire :* mener des projets impliquants et prenant en compte de tels intérêts et passions *Valeur tertiaire :* reconnaitre l'impact de son entreprise sur le changement climatique et sur l'environnement

I = Identifying (Identifier)

Faire un tableau à trois colonnes. Lister les aspects suivants de son travail sur l'emploi actuel. - Aspects qui correspondent à vos idéaux de valeurs - Aspects désirés qui n'existent actuellement pas - Aspects qui sont en contraste ou en conflit (avec vos idéaux)

Note Cette étape est essentielle dans l'identification de potentielles sources de conflit, de stress, ou d'anxiété lié à votre poste actuel. Identifier de telles sources de conflit est vital pour l'examen dans l'étape suivante pour pouvoir délimiter les changements potentiels.

D = Delimiting/Demarcating (Délimiter/démarquer)

Délimiter tous les contrastes identifiés à l'étape précédente, en démarquent les valeurs et domaines conflictuels, mais pas en définissant des objectifs. (Un changement ne peut être introduit seulement après avoir reconnu les divers défis alignés avec vos valeurs)

A = Aligning (Aligner)

Aligner toutes les valeurs existantes que ne sont pas en conflit avec les changements recherchés. Ceci peut offrir une compréhension claire des options restantes. (Ce pourrait simplement être une restructuration départementale qui pourrait vous offrir une opportunité pour une formation et relocalisation)

T = Tasks (Tâches)

Définir un plan d'action et créer des tâches pertinentes et spécifiques à ce plan. (Par exemple, utiliser son réseau, travailler dans divers organisations, acquérir des nouvelles compétences, se former, apprendre à réseauter et communiquer son des aspects importants à prendre en compte à une telle étape.)

E = Empowered/Enabled (Autonomisé/Habilité)
- Revoir vos étapes précédentes et commencer votre plan d'action
- Vous pouvez identifier un sentiment de reconfirmation des valeurs et des attendre à travers une telle introspection
- Finalement, vous pouvez obtenir une clarification de vos objectifs liés au travail

Values (Valeurs) **A**ssess (Evaluer) **L**ist (Lister) **I**dentify (Identifier) **D**elimit (Delimiter) **A**lign (Aligner) **T**asks (Tâches) **E**mpower (Autonomiser)

- Cette exercice est un outil utile à appliquer dans tous les cas impliquants un changement organisationnel ou une transition personnelle qui est ressentie comme conflictuel ou comme une difficulté.
- Il peut être conceptualisé comme une mise à jour et un réalignement des objectifs au long terme.
- Si votre prochaine étape est une évolution dans votre carrière, mais qui des pensées anxiogènes entourent cette tâche, la réalisation de cet exercice pourrait vous offrir une image claire des conflits déjà présents et vous préparer à définir les tâches à venir.

Transcriptions des sessions et des entretiens avec les participants à la création de V.A.L.I.D.A.T.E.

Note concernant la transcription 1 et les participants (P)1

P1 est un client composite du personnel du NHS qui a travaillé avec nous pendant plus de 36 mois en cabinet privé et dans d'autres services. La session suivante a eu lieu lorsque le client a eu recours à nos services pour la deuxième fois après une interruption de 24 mois. Différents services sont impliqués et tous ne proviennent pas du même NHS Trust. Les clients ne peuvent pas s'identifier à travers le contenu de la session suivante. Tous les identifiants sont supprimés, mais pas les faits. Le cas du client doit être conceptualisé comme un ensemble de patients et de documents relatifs aux patients. Aucun ancien patient ne peut s'auto-identifier dans les circonstances présentées ci-après. Je suis la seule personne qui peut identifier toutes ces situations. Tous les patients ont signé des accords et des arrangements contractuels, y compris des principes de confidentialité de la pratique. L'extrait suivant, par son élimination des identifiants, n'enfreint aucun principe d'éthique ou de pratique. La transcription raconte l'histoire de plusieurs personnes et non de quelques-unes. La transcription commence quelques minutes après le début de la session.

Clé : MD = Psychothérapeute/Madalina Day   P1 = Patient 1

Timecode / Clé / Transcript

01:00:00, MD : ... dans cette mesure-là, dans le sens de *comment... à quel point cela m'affecte.* Y a-t-il quelque chose d'autre qui se passe ?

01:00:07, P1 : Mm-hmm.

01:00:07, MD : Est-ce que je dois m'inquiéter de ça ? [inaudible 01:00:11]

01:00:16, P1 : Oui.

01:00:16, MD : Ce n'est pas vraiment une phobie, vous savez ?

01:00:18, P1 : C'est vrai. *01:00:19, MD* : J'avais… je pensais plutôt à un événement traumatisant pour vous et à la façon dont cela vous a affecté. C'est vrai ? *01:00:29, P1* : Oui, c'est ça.

01:00:30, MD : Et, oui, cela peut être déclenché par une [inaudible 01:00:32] réflexion sur ce que nous pouvons faire ensemble ?

01:00:36, P1 : Oui.

01:00:37, MD : Est-ce qu'on pourrait y aller et… quand vous y repensez, qu'est-ce que vous ressentez ? Pouvez-vous vous imaginer dans cet endroit ?

01:00:46, P1 : Quoi, aux soins intensifs ?

01:00:47, MD : Mm-hmm.

01:00:48, P1 : Je peux m'imaginer physiquement entrer aux soins intensifs maintenant. Je ne peux pas m'imaginer refaire le stage d'un mois complet pendant l'hiver en tant que X1. Non.

01:00:58, MD : D'accord.

01:00:59, P1 : Je ne le referais tout simplement pas.

01:01:02, MD : Oui.

01:01:02, P1 : Mais c'est parce que je sens maintenant que j'ai ce choix. Et en fait, en y repensant, je me rends compte que si j'étais à nouveau dans cette situation, je démissionnerais tout simplement ou j'en parlerais à quelqu'un. Je serais plus rationnel, je parlerais à quelqu'un de plus expérimenté et je dirais : "Je ne peux pas faire ça pour de multiples raisons". Et en fait, je trouverais probablement que les gens sont assez rationnels et diraient : "Ok, ça, vous savez, ça ne fonctionne pas pour vous. (Conversations qui se chevauchent)

01:01:24, MD : Parce que, vous voyez, en en parlant maintenant, votre niveau d'anxiété peut augmenter.

01:01:29, P1 : Eh bien, oui, oui.

01:01:31, MD : Oui ? Donc, vous avez cette réaction **spontanée**.

01:01:35, P1 : Oui.

01:01:35, MD : Et puis c'est vraiment… Ça peut être, vous savez, quelque chose à voir avec le ressentiment pour l'endroit où, vous savez, c'est quelque chose qui doit encore être résolu ?

01:01:44 P1 Oui. Non, absolument. Je ne le nie pas, oui.

01:01:46 MD Oui. Donc, c'est bien. Alors, ça va… ?

01:01:50 P1 Oui.

01:01:50 MD … si c'est ce que c'est. Parce que si vous avez des flashbacks ou si vous vous demandez comment ce qui s'est passé là-bas vous a affecté, alors c'est là que je m'inquiète.

01:02:03 P1 Qu'elle est votre… je ne comprends pas, qu'elle est votre… qu'est-ce que vous entendez par préoccupation ?

01:02:05 MD Parce que vous avez été témoin d'une expérience où d'autres personnes, vos patients, mouraient quotidiennement devant vous. Et vous vouliez peut-être… faire quelque chose de plus ou être plus présent et on vous a fait sentir que vous ne l'**étiez pas**. Oui ?

01:02:27 P1 Oui. Donc, si c'était un problème important, comment cela a-t-il changé la configuration ?

01:02:32 MD Vous allez avoir des flashbacks à ce sujet.

01:02:35 P1 Donc quels services vous me proposeriez si c'était un problème massif, comme par exemple si j'avais plus de (chevauchements conversation) ?

01:02:41 MD Non, simplement **nous en parlerons**. Nous pourrons distinguer et discerner dans quelle mesure cela vous affecte vraiment ou si cela serait la cause de…..

01:02:51 P1 Oui.

01:02:53 MD Nous allons regarder, regarder ensemble.

01:02:55 P1 D'accord.

01:02:55 MD Je ne suis pas en train de suggérer que c'est (conversation qui se chevauche).

01:02:56 P1 Non, c'est ce que je pensais. Je pensais que vous disiez que vous alliez m'envoyer dans un autre service.

01:03:01 MD Non, non, non, non.

01:03:02 P1 Ouais.

01:03:02 MD Vous voyez ? Eh bien, c'est exactement ce dont j'ai parlé au début, à la première session - c'est le temps qu'il vous a fallu pour vraiment avoir accès à nous...

01:03:10 P1 Oui, c'est ce que j'ai dit.

01:03:11 MD ... et de venir nous voir ? Et pour moi maintenant, de tourner autour et de dire, eh bien..... Est-ce que c'est ce que vous attendiez ?

01:03:16 P1 Eh bien, c'est ce que je pensais que vous étiez sur le point de me dire.

01:03:17 MD Non, non. Mais je l'ai dit... j'ai déjà....

01:03:19 P1 (conversation superposée) oui...

01:03:19 MD Je vous ai déjà dit que cela allait se produire. C'est ce qui va se passer.

01:03:22 P1 Oui. Mais je pense que c'est parce que beaucoup... comme pour moi avec... quand j'étais dans cette situation, j'ai eu l'impression que toutes les personnes que j'ai contactées au sein de la profession m'ont juste laissé tomber.

01:03:36 MD Rejeté, diriez-vous ?

01:03:37 P1 Oui, c'est ça. Et c'était comme... vous aviez l'impression d'être là à crier et que personne ne vous entendait crier parce qu'ils étaient juste condescendants et vous disaient d'aller de l'avant. Et c'était horrible. Quand j'y repense, je ne peux pas... je ne peux pas croire que ça soit vraiment arrivé. Et en fait, je... je ne sais pas si je vais aller au X2. Et je me suis en quelque sorte auto... auto-désigné comme la personne qui dirige l'initiation des nouveaux X1. Et j'ai fait tout un exposé l'autre jour sur le soutien émotionnel [inaudible 01:04:07]. *Soupir*

01:04:07 MD Dites-m 'en plus à ce sujet...

01:04:09 P1 Je leur ai juste dit, vous savez, ce que beaucoup d'entre nous ont découvert, et ce n'est pas seulement moi, beaucoup de mes collègues ont reçu beaucoup de soutien au début. Beaucoup de "Comment ça va ? Comment ça va ?" Et puis à la fin, "Oh, bien joué. Comment allez-vous ? Comment vas-tu [inaudible 01:04:20] ?" Et puis il y a cet énorme creux au milieu à Noël où, en fait, les choses étaient vraiment difficiles. Et les hôpitaux sont déjà bien occupés à Noël.

01:04:28 MD Oui. [Hochement de tête en signe de reconnaissance]

01:04:29 P1 Et nous ne nous sommes pas sentis soutenus à ce moment-là. En fait, c'est quand la nouveauté d'être un X1 se dissipe. Tout le monde se retire un peu. Et donc, une partie de ma thérapie pour moi-même, c'est de reconnaître cela et de sentir comment je peux aider la prochaine cohorte en étant au niveau supérieur. Vous voyez ce que je veux dire ?

01:04:45 MD Oui, c'est tout à fait logique.

01:04:47 P1 Oui.

01:04:47 MD Et je pense que le plus important, c'est de parler de votre rotation. Et s'il faut tout ça, c'est parce que ça va changer, c'est un cycle. Il ne s'agit pas d'une année entière.

01:04:54 P1 Non, c'est bien, c'est bien.

01:04:55 MD Oui. C'est bien, mais également pas très bien. Si vous passez de quelque chose qui se passait extrêmement bien à quelque chose que vous avez vraiment.....

01:05:04 S2 C'est vrai, oui.

01:05:07 MD ... vous ne savez pas où vous en êtes. Votre ami, c'est une expérience très différente, quelque chose [inaudible 01:05:15].

01:05:16 P1 Oui, complètement. Je ne pense pas que j'aurais été capable de me tenir devant un groupe de personnes qui ont un an de moins que moi pendant que j'étais aux soins intensifs et de leur dire ça, parce que je me serais sentie trop inférieur. Vous voyez ce que je veux dire ? Alors que maintenant, je suis (conversation qui se chevauche).

01:05:29 MD Vous allez... vous êtes en train de dire, 'Ne viens pas ici'.

01:05:32 P1 Ouais.

01:05:33 MD C'est la plus grosse erreur de votre vie. C'est ce que vous alliez dire ?

01:05:35 P1 Non, pas du tout. Mais le truc, c'est que la jeune fille que je connais, qui est aux soins intensifs, qui va faire son premier stage aux soins intensifs, qui est une X1, est venue me voir vendredi et m'a demandé : "Comment c'est d'être une X1 aux soins intensifs ?".

01:05:49 MD Et qu'avez-vous répondu ?

01:05:50 P1 J'ai dit : "Être X1 aux soins intensifs est très différent d'être X1 dans d'autres services". J'ai dit : "L'avantage, c'est que tu peux faire beaucoup de procédures si c'est ce qui t'intéresse. Mais en fait, j'ai eu du mal à le supporter émotionnellement [inaudible 01:06:10]. Assure-toi d'obtenir le soutien nécessaire si tu en ressens le besoin." Et Y était là : "Oh ouais, je n'ai pas pensé à ça. Oh ouais, bon point." Bla, bla, bla. Et j'ai eu l'impression qu'en faisant ça, je donnais à Y un objectif. Je ne disais pas : "C'était le pire mois de ma vie. Je l'ai détesté. Tu vas le détester." C'était évidemment, vous savez (conversation qui se chevauche).

01:06:25 MD Et qu'est-ce que vous pensez qu'ils ont pu identifier là-dedans ?

01:06:28 P1 C'était quelque chose que... la raison pour laquelle j'ai trouvé cela si terrible, c'est parce que cela a fait appel à beaucoup de choses avec lesquelles j'ai lutté dans la vie. Alors que pour d'autres personnes, vous savez, comme la Y à qui je viens de parler, Y est comme ma meilleure amie, ma meilleure amie Xs. Y a fait son premier stage en soins intensifs. Je l'ai fait comme deuxième stage.

01:06:46 MD Y est allée aux soins intensifs ?

01:06:47 P1 Oui. Et Y m'a dit : "Tu vas adorer les soins intensifs ! C'était génial ! Tu vas absolument adorer." Et j'y suis allée en me disant "Je vais adorer !". Et puis je n'ai pas aimé. Et j'ai passé tout le temps à me demander comment Y a pu tant aimer et moi tant détester. Tout le monde se référait à moi comme le nouveau Y. Et je n'ai jamais été le nouveau Y parce que Y a aimé. Donc, oui, c'est dur.

01:07:07 MD Donc, Y est une année au-dessus... ?

01:07:09 P1 Non, Y est dans mon année, mais Y l'a fait en première rotation et moi en deuxième.

01:07:12 MD Je vois.

01:07:13 P1 Oui. Donc, nous avons fait les trois, les mêmes rotations, dans des ordres différents. Donc, je suis maintenant en ICCU parce que Y était en ICCU en deuxième position, donc j'ai suivi Y. Et puis avec l'ICCU, Y disait : "Tu vas adorer ça", bla, bla, bla. Et puis j'ai littéralement commencé à pleurer, j'étais là : "Vous m'avez dit ça à propos de l'ICU (soins intensifs). (Rires) Et c'était un problème" et ensuite j'ai aimé l'ICCU et Y a dit : "Oh, au moins j'en ai eu un de bon. (Rires)"

01:07:33 MD Oui...

01:07:35 P1 Oui. Alors....

01:07:36 MD Eh bien, je pense que c'est... ouais, ça a dû être très décevant alors que vous aviez de grandes attentes en matière de... soins intensifs, sachant ce que votre ami a décrit.

01:07:46 P1 Oui, complètement. Complètement.

01:07:49 MD Alors, cette semaine, ça a été une meilleure semaine ?

01:07:52 P1 Oui. Oui, sans aucun doute.

01:07:55 MD A votre avis, qu'est-ce qui a aidé ?

01:07:57 P1 Je pense que j'ai trouvé très thérapeutique d'être avec les nouveaux X1. Et c'est juste le sentiment que les choses que... et pas seulement le soutien, mais juste beaucoup de choses que j'aurais aimé avoir en tant que X1. J'ai senti que j'étais capable de leur donner du pouvoir et oui, j'ai travaillé très dur sur l'initiation pour m'assurer que ce n'était pas juste un discours, vous savez, quelqu'un debout sur une scène, et eux assis, qui écoutent. J'étais là : "Non, ce n'est pas comme ça que vous faites sentir aux gens qu'ils font partie de l'équipe." Et donc, nous avons eu beaucoup de séances informelles, par exemple pendant les quarts de nuit et le déjeuner, tous les nouveaux X1, les anciens X1 et tous les professeurs (conversations qui se chevauchent).

01:08:32 MD Alors, qu'est-ce qui a été réalisé selon vous ? (conversation qui se chevauche).

01:08:33 P1 le travail en petits groupes. Et organiser des programmes de mentorat. Et ils auront des mentors pendant toute l'année.

01:08:41 MD Oui ?

01:08:41 P1 Et, vous savez, je vais en quelque sorte diriger tout ça, inciter les mentors à, vous savez, prendre de leurs nouvelles et à faire leurs six mois, des choses comme ça. Oui, donc….

01:08:50 MD Et qui va s'occuper de vous sur X2 ?

01:08:53 P1 Qui va s'occuper de moi ? (Rires) Je ne sais pas, je vais devoir mettre en place un système de mentorat pour moi.

01:08:58 MD Oui ?

01:08:59 P1 Oui.

01:08:59 MD Non, mais est-ce qu'on vous a dit comment le faire ?

01:09:01 P1 Non, non. Je veux dire que j'ai eu une initiation, oui, j'ai reçu mon dossier d'initiation l'autre jour, et ils ont mal orthographié mon nom, mis ma mauvaise date de naissance, ma mauvaise adresse et mon mauvais stage. J'étais là genre….

01:09:13 MD Qu'est-ce que…

01:09:13 P1 Fantastique !

01:09:14 MD Qu'est-ce qui était juste là-dedans ?

01:09:16 P1 Mon nom était là (rires). Alors, c'est vrai, ça me remplit vraiment d'espoir, les gars. Ouais, ce n'est pas idéal. Mais, ouais.

01:09:24 MD Vous vous en sortirez. C'est ce que vous vous apprêtiez à dire ?

01:09:27 P1 Je quoi ?

01:09:27 MD Vous vous débrouillez ?

01:09:28 P1 Oui. Mais je pense généralement que je suis assez doué pour demander de l'aide si j'en ai besoin. Mais c'est juste que je pense qu'aux soins intensifs, j'ai atteint ce stade où j'étais tellement convaincu que j'avais tort, que je faisais des choses vraiment mauvaises, et que je faisais perdre le temps de tout le monde. C'était profond. C'était horrible. Et puis les gens me tendaient la main, mais je ne réalisais pas qu'ils le faisaient, j'avais juste l'impression que personne ne m'aidait. Et c'est juste… ouais.

01:09:54 MD Oui, et à votre avis, qui essayait de vous tendre la main ?

01:09:57 P1 Eh bien, j'ai genre xx meilleurs amis, et trois amis X5. Je suis vraiment [inaudible 01:10:02] parce que je connais déjà Y et puis deux autres DD. Et puis deux d'entre eux partent, ce qui est un peu dommage. Mais Y reste dans le coin. Et puis évidemment, ma petite amie est tout simplement incroyable. Et la quantité de merde que je lui ai fait subir était (conversation qui se chevauche).

01:10:14 MD Depuis combien de temps êtes-vous ensemble ?

01:10:18 P1 ZZZ ans. Et puis ma mère m'a aidé, et certains de mes amis d'enfance aussi. Il y avait des gens, mais comme je… je ne sais pas, je ne pouvais pas… [inaudible 01:10:30] Ils habitent à BXXXX. Pas trop loin [inaudible 01:10:34].

01:10:36 MD Alors, vous partez en voiture ? C'est là que vous… non ?

01:10:38 P1 Non, je vis à HXXXXX

01:10:39 MD Oui. OK.

01:10:40 P1 Oui. Oh, où est ma maison ? Je vois ce que vous voulez dire, je pensais que vous parliez de mes parents. Oui, je vis à HXXXXX. Oui, mais j'ai [inaudible 01:10:47].

01:10:48 MD Non, je voulais dire vos parents.

01:10:49 P1 Oh, mes parents vivent… oui, mes parents vivent à BXXXX.

01:10:51 MD Oui. Ils habitent près d'ici ?

01:10:54 P1 Oui.

01:10:55 MD Donc, vous reconnaissez alors que vous avez… il semble y avoir un très bon réseau autour de vous, et ils sont compréhensifs et vous soutiennent.

01:11:05 P1 Oui, tout à fait.

01:11:06 MD Bien. À ce moment-là, vous ressentiez ça ? Comment vous êtes-vous senti… ?

01:11:10 P1 Non, je ne pouvais tout simplement pas le voir et le comprendre. Et j'étais tellement… j'étais tellement influencé négativement que si, vous savez, 99 fois sur cent, ils étaient là pour moi, la seule fois où ils ne l'étaient pas était la seule chose que je pouvais voir, et alors je mettais cette personne sur une liste noire dans ma tête. on pourrait, vous savez, Y m'a laissé tomber une fois parce que son enfant a été admis à l'hôpital. Et je n'arrivais pas à me remettre de la façon dont elle m'avait laissé tomber. Et je regarde en arrière et je ris parce que, bien sûr, on donne la priorité à ça, vous savez. C'est tout à fait normal. Mais pour moi, à cette époque, c'était juste… Je ne pouvais pas… Je ne pensais pas comme je pense maintenant. Je pense que cela m'effraie parce que je pense que j'ai glissé dans cette situation si facilement que j'ai peur d'y retomber, vous savez.

01:11:53 MD Et qu'est-ce qui vous inquiète exactement ?

01:11:59 P1 Je ne sais pas. J'ai juste peur que cela se reproduise. Ouais.

01:12:03 MD Oui ? Cela va se reproduire ?

01:12:04 P1 Oui, ça ne fait pas du bien….

01:12:07 MD Donc, nous parlons de cauchemars ? Donc, 19, 16 à 19, difficile.

01:12:13 P1 Comme quand j'avais de 16 à 19 ans ? Eh bien, oui, pour moi, pas particulièrement. Je ne connais pas d'événement particulièrement traumatisant dans ma vie. Je suppose que je n'étais pas très heureux dans ma vie. Je veux dire que les terreurs nocturnes ont commencé… Je veux dire, je n'ai pas… apparemment, j'avais des terreurs nocturnes quand j'étais plus jeune. Je ne m'en souviens pas. Mais le style actuel d'hallucination des terreurs nocturnes a commencé quand ma colocataire a essayé de se suicider. Et je… je me souviens qu'un jour je l'ai vue morte pendue à l'arrière de la porte. Et puis je me suis dit, eh bien, en fait, j'en avais beaucoup avec des bébés, des bébés qui mouraient, et des bébés qui tombaient sur moi dans mon lit. Je me levais et j'arrachais tout ce qui était sous mon lit pour essayer de trouver ce bébé. Et puis je me rendormais et je me réveillais en pensant à ce qui se passait (rires) et à tous ces trucs partout. Et puis ça me reviendrait au cours de la journée, ce qui s'est passé et tout ça. Je n'ai pas… Je n'ai pas eu de terreurs nocturnes aussi extrêmes, pas depuis que j'ai quitté les soins intensifs, pas en quatre mois. Et en fait, j'en ai eu occasionnellement pendant un an [inaudible 01:13:13] puis maintenant, mais pas (conversation qui se chevauche).

01:13:15 MD Ok. Donc, ce n'est pas revenu ?

01:13:17 P1 Non, elles ne sont pas de retour actuellement.

01:13:20 MD Avez-vous déjà pensé à… en avez-vous parlé à votre médecin généraliste à l'époque ? Non ?

01:13:24 P1 Non, parce que je n'avais pas de médecin généraliste quand j'ai déménagé…. quand j'ai déménagé ici, parce que mon médecin généraliste est toujours à CXXXXX. Et je ne voulais pas… j'éteignais juste mon téléphone. Et je ne voulais pas… je ne voulais pas… je ne voulais tout simplement pas y faire face. Et le truc, c'est que c'est difficile parce que je ne suis pas un généraliste, je suis un DX, et je savais ce que le généraliste allait dire. Et je me sentais un peu comme, "Oh, je ne peux pas."

01:13:53 MD (conversation inaudible)

01:13:54 P1 Ouais, je ne pouvais pas avoir toute cette conversation gênante. J'ai juste… Je n'avais pas vraiment l'impression que ça allait apporter quelque chose. Et aussi, à ce moment-là, j'étais tellement convaincu que je faisais quelque chose de mal. Je me sentais tout le temps coupable de ne pas travailler, de ne pas réussir le test X1 et de perdre ma licence XXX. Et j'ai juste… et l'idée d'aller chez mon généraliste, c'était comme si ça allait être dans mon dossier, je me souviens quand je me suis assis et que j'ai demandé : "Est-ce que ça va être dans mon dossier ?". Elle m'a dit : "Non ! C'est plutôt….". Ok, je m'en fous… parce que c'est juste ce que je… je pensais que c'était juste ma propre préoccupation à ce moment-là.

1:14:34 MD C'est ce dont je parlais au début de la discussion et à quel point cela a été difficile pour vous.

01:14:39 P1 Oui, complètement, vraiment, vraiment difficile.

01:14:41 MD Et c'est tout comme… ? ça devient un… ?

01:14:46 P1 Oui, comme un grand… oui, c'était horrible.

01:14:52 MD Mais je pense que le fait même que vous ayez eu à l'esprit qu'il allait être très difficile pour vous d'avoir accès à un soutien, comment pensez-vous que cela a aidé la situation en soi ?

01:15:02 P1 Eh bien, j'ai… mais j'ai l'impression que le soutien auquel j'ai essayé d'accéder n'était tout simplement pas là. Par exemple, avant d'être déprimé aux soins intensifs, je suis allé voir mon chef d'unité, M. K. Je lui ai parlé et je lui ai dit : "J'ai vraiment du mal avec ce placement. J'ai du mal parce que j'ai l'impression que je n'ai pas vraiment de rôle à jouer là-bas". Et je… en gros, et c'est tellement drôle parce que je l'ai fait sans même me rendre compte que je le faisais. J'ai juste eu une sorte de réunion avec lui et je lui ai dit et il m'a dit, "Je veux que tu sois là pour en tirer ce que tu veux en tirer. Si tu veux faire des choses supplémentaires à côté, comme enseigner et d'autres choses, c'est très bien. Si tu veux, tu sais, vas-y." Et il a fait une blague, et il était disait : "Quand je [inaudible 01:15:47] étudiant ou [inaudible 01:15:49] médecins en obs et gynécologie, ils disparaissent dans la lumière. Et je sais qu'ils rentrent chez eux, et c'est bien. Et je sais que c'est parce qu'ils ont d'autres choses importantes à faire. Juste, vous savez, faites ce que vous pouvez." Et le problème, c'est que ma façon de faire face quand j'étais aux soins intensifs, c'était d'avoir tous les jours autre chose à faire. Donc, enseigner était mon grand truc. J'enseignais toujours à XXX étudiants ou j'organisais quelque chose en rapport avec l'enseignement. Mais c'est devenu un problème vers la fin. Parce qu'alors, les gens des soins intensifs pensaient constamment que je m'enfuyais. Et c'était le cas. Mais ce n'était pas parce que je ne pouvais pas m'ennuyer ou que j'étais paresseux. Je fuyais parce que c'était ma seule façon de faire face.

01:16:27 MD Oui.

01:16:27 P1 Et en fait, au cours du dernier mois, l'un des consultants m'a confronté devant tout le monde, et ça a été le véritable élément déclencheur, et il a dit : "Oui, où disparaissez-vous sans cesse ?" Et bla, bla, bla. Et ils ont dit ceci, et ils ont dit cela, et bla, bla, bla. Et tout le monde était juste debout et souriait derrière moi. Et c'est à ce moment-là que je me suis dit : "Oh mon Dieu, qu'est-ce que je fais ?" Comme s'ils me détestaient. C'est sûr qu'ils me détestent. Et ils me détestaient vraiment. Ils pensaient que j'étais un vrai minable. Et puis après ça, c'était comme si je ne pouvais pas quitter les soins intensifs. Vous savez, je dois être ici tout le temps. Et ça n'a fait qu'empirer les choses. Parce qu'alors, je me suis vraiment senti piégé. Et je suis allé en parler à M. K., mais je me sentais tellement coupable que je me disais : "Comment ai-je pu faire ça ? Et il ne va pas me donner son accord." Et bla, bla, bla. Et puis….

01:17:13 MD Parce que vous avez essayé de le contester. Vous avez essayé de changer ça ou vous…

01:17:16 P1 Oui.

01:17:17 MD … aviez déjà essayé. Et ça n'a pas marché.

01:17:19 P1 Et ça n'a pas marché. Ça s'est complètement retourné contre moi. Mais c'est tellement dur de rester dans un coin de la pièce sans qu'on vous donne le travail, et puis de partir. Et puis quelqu'un remarque que vous n'êtes pas là. C'est genre : "Tu ne m'as pas parlé quand j'étais là, tu sais". Donc….

01:17:32 MD Ouais. Donc, c'est devenu [inaudible 01:17:33].

01:17:34 P1 Oui, exactement. Ce n'est pas moi. Vous voyez ce que je veux dire ?

01:17:37 MD Ce n'est pas vous, mais c'est une dynamique qui s'est créée autour de vous, avec vous.

01:17:42 P1 Exactement, avec moi. Oui.

01:17:43 MD Et vous avez été appelé à le faire. Donc, je ne pense pas que vous auriez pu faire quelque chose de différent qui n'aurait pas été un problème de toute façon.

01:17:51 P1 Oui.

01:17:52 MD Mais le plus important, c'est que vous l'ayez dit. Peu importe. Donc, nous pouvons mettre cela de côté. C'est la situation. Mais votre réponse à cela, votre réaction à cela, voilà ce qui vous inquiète. Donc, vous avez fait des choses pour que ça ne se reproduise pas. Et c'est très difficile parce que comment... ?

01:18:07 P1 C'est très difficile.

01:18:09 MD Comment pouvez-vous identifier quelque chose dans le futur ou prédire une situation stressante et la façon dont vous allez y réagir ? Mais ce que vous avez appris de cette situation, c'est important.

01:18:18 P1 Mais je pense que ce qui est si difficile, c'est que, vous le savez probablement, mais il y a tout le modèle de parent, adulte, enfant. Et, vous savez, j'essaie de traverser la vie en étant un adulte. J'essaie de ne pas être un parent. Même mes étudiants, je ne les élève pas. Je leur parle comme à des adultes, vous savez. J'ai vraiment détesté toute ma vie être traité comme un enfant. Même quand j'étais enfant, je ne voulais pas être un enfant. J'obéissais aux règles, je faisais ce que vous vouliez que je fasse, mais ne soyez pas condescendant. Et je suis allé aux soins intensifs, et j'étais... comme si j'étais passée d'un GH où j'étais le parent et l'adulte parce que nous n'avions presque pas de soutien senior, et je tenais à peu près la boutique, à une unité de soins intensifs où j'étais soudainement dans la position d'un enfant. Et je n'ai pas pu m'en sortir. Et peu importe à quel point j'essayais, quelles techniques, je ne pouvais pas m'en sortir. Et j'ai senti que M. K et les personnes âgées en dehors des soins intensifs me traitaient comme un adulte. Mais quand la situation s'est présentée, j'ai eu l'impression d'être un enfant. J'ai en quelque sorte succombé à cette position parce que je ne pouvais pas... je ne pouvais pas aller le voir et lui en parler parce que j'avais complètement perdu toute confiance dans mes capacités à faire les choses.

01:19:26 MD Donc, ça a remis en question cette sorte de sentiment de "je gère ça, je sais où je suis".

01:19:32 P1 Oui, oui. Et j'avais l'impression de ne plus avoir la moindre idée de ce qui se passait. Ouais.

01:19:38 MD Donc, vous avez reconnu la régression, un état de défense en fait (conversation qui se chevauche).

01:19:43 P1 Et comment, en fait, on a juste, à la fin, accepté ce rôle. Il ne s'agit même pas de l'accepter. C'est juste que on est ce rôle. Je veux dire, vous ne pouvez pas voir de moyen de contourner ça. Mais je ne pense pas qu'au troisième mois aux soins intensifs, j'avais la possibilité de me racheter et de remonter dans la hiérarchie. Ça n'allait tout simplement pas arriver.

01:20:00 MD C'était une cause perdue ?

01:20:01 P1 C'était une cause complètement perdue, et c'était vraiment lié à tout ce qui se passait dans ma tête à cette époque. C'était juste… ouais.

01:20:08 MD Et ce qui est encore plus important, c'est le fait que vous l'ayez reconnu et que vous ayez pu prendre du recul. Même si en l'espace d'un mois, il n'y aura pas de changement spectaculaire. Mais le changement lui-même est le fait que vous le reconnaissiez.

01:20:21 P1 Ouais, ouais. Et, oui, je pense que je suis bon pour, vous savez, me donner du crédit, je peux totalement reconnaître ce genre de choses. Mais, vous savez, c'est la mise en pratique ou le fait d'y croire, non ? Mais dès que je suis allé dans mon nouveau service par exemple, j'étais complètement rationnel. Et je me sentais, vous savez, je gérais [inaudible 01:20:41] et tout. Lundi, mon consultant a fait une blague sur le fait que je n'avais pas chargé les résultats des médicaments assez rapidement et il plaisantait totalement. Il faisait une blague. C'est un être humain. Et j'ai complètement paniqué, genre, "Oh mon Dieu, ça recommence. Oh mon Dieu, il pense que je perds la tête. Oh mon Dieu". Et je suis parti en vrille pendant que je restais sur place. Et puis je suis revenu à la raison et au calme. Mais ensuite, même après ça, j'étais si susceptible. Je ne pouvais pas [inaudible 01:21:07] bien pour être honnête parce que je comprends qu'il va en quelque sorte juste… je ne sais pas, quelque chose de vraiment mauvais va arriver. Je ne sais pas, il va penser que je suis un idiot.

01:21:15 MD Il va vous prendre pour un idiot ?

01:21:17 P1 Mm-hmm.

01:21:17 MD Et pourquoi… comment pensez-vous qu'il va arriver à cette conclusion ?

01:21:21 P1 Je suppose que je suis vraiment devenu paranoïaque parce qu'il a parlé à mon ancien superviseur, et qu'il a été prévenu de tout ce qui était arrivé. Et puis il va se faire ses propres préjugés sur moi et ce genre de choses. Et, oui, c'était une préoccupation majeure pour moi quand j'ai fait un autre stage, une préoccupation majeure.

01:21:40 MD Le premier ?

01:21:42 P1 Mon troisième stage, oui, celui qui a suivi celui aux soins intensifs.

01:21:45 MD Et ?

01:21:47 P1 Je veux dire, ça allait bien jusqu'à un certain point. Mais en même temps, je n'ai jamais… c'est drôle. D'autres personnes dans le service, comme mon médecin, mon médecin-chef, c'était comme si j'allais très bien, mais je n'avais pas [inaudible 01:21:56] d'atomes crochus. Mais même lui, encore aujourd'hui, il est toujours un peu réservé, comme si je me disais : "Oh, est-ce qu'il me prend pour un idiot ?". Et il ne le pense clairement pas et je sais qu'il ne le pense pas. Je ne peux pas m'empêcher de penser ça chaque fois que je suis en sa compagnie. Et il doit penser que je suis vraiment bizarre parce que j'ai du mal à faire des blagues en sa compagnie, juste au cas où il penserait que je ne plaisante pas. Vous voyez ce que je veux dire ? J'ai juste du mal avec ça et je n'ai pas vraiment été à 100% moi-même avec lui. Ouais.

01:22:24 MD [inaudible 01:22:24] mais c'est très difficile parce que ça peut être mal interprété.

01:22:29 P1 Exactement.

01:22:29 MD Et vous êtes déjà votre propre XX. Mais il y a quelque chose d'intéressant auquel je pense à propos de cette rotation. Donc, quatre, c'est quatre dans chaque... chaque année ?

01:22:40 P1 Trois.

01:22:40 MD Trois. Quels sont, à votre avis, les avantages de cette épreuve, cette sorte de cycle de trois par an ?

01:22:51 P1 Je pense que cela m'a permis de bénéficier de trois traitements très, très, très différents...

01:22:55 MD D'accord. Notons cela, c'est très intéressant. Pourquoi pensez-vous que je vous demande ça ?

01:23:02 P1 Je ne sais pas.

01:23:03 MD Ça vous paraît bizarre ?

01:23:05 P1 Pas vraiment.

01:23:06 MD D'accord. Donc, trois très différentes ?

01:23:14 P1 Je ne peux pas réfléchir maintenant. (Rires) Trois expériences différentes ? Ou alors ça m'a donné trois différentes... ça m'a montré trois différentes parties de ce travail, complètement différentes, je suppose.

01:23:28 MD Oui. L'environnement, le travail, oui en tant que... relations.

01:23:34 P1 Oh mon Dieu, oui et en fait, j'irais même plus loin en disant que je me suis vu comme trois types différents de médecins XX, ce qui est... (Rires) Mais c'est vrai.

01:23:43 MD Oui, c'est vrai. Non, c'est très bien.

01:23:44 P1 Et, oui, et c'est drôle parce que j'ai l'impression d'être moulé dans les trois, pour le meilleur et pour le pire.

01:23:50 MD Ok, très bien. Donc, en fonction de chaque contexte individuel, qu'attend-on de vous, quelles sont les règles, quelles sont les angoisses autour de cela ? Et c'est....

01:24:00 P1 Oui, les règles. Je pense que ce sont les règles.

01:24:01 MD C'est vrai ? Et tous ceux qui sont déjà passés par là, les patients, ils sont constamment... ce que l'on attend de vous dans le cadre de votre rôle, oui ?

01:24:10 P1 Mm-hmm.

01:24:10 MD Donc, c'est une tâche énorme. Car imaginez devoir changer de travail tous les trois mois ?

01:24:20 P1 Mais avoir le même cahier des charges ?

01:24:24 MD Oui, plus ou moins.

01:24:24 P1 Eh bien, oui, mais je dois adapter ce même cahier des charges à trois contextes différents.

01:24:28 MD Différents. Très bien, ok. Vous êtes avec moi ?

01:24:31 P1 Oui, complètement.

01:24:32 MD Oui ?

01:24:33 P1 Oui.

01:24:33 MD Et devoir... alors, imaginez qu'il faille aussi être en formation. Donc, c'est changer de travail, mais aussi être en formation. Oui, une certaine forme de formation, parce que vous êtes, vous savez, vous devez vous occuper de plus d'un niveau.

01:24:49 P1 Oui, c'est ça.

01:24:50 MD Oui ?

01:24:51 P1 Mm-hmm.

01:24:51 MD Alors, comment voyez-vous la tâche maintenant ?

01:24:54 P1 Comment je pense quoi ?

01:24:56 MD Que pensez-vous de cette tâche maintenant ? Qu'est-ce qui est attendu ? Qu'est-ce que vous êtes censé faire ?

01:25:04 P1 Je pense qu'il serait ridicule qu'on ne se batte pas avec cette tâche.

01:25:07 MD Oui.

01:25:08 P1 Et je pense que l'autre chose est…

01:25:09 MD Parce que tout le monde connaît le stress.

01:25:11 P1 Ouais.

01:25:12 MD Qu'est-ce qui est considéré comme un événement stressant en soi ?

01:25:16 P1 Oh oui, mais aussi différents….

01:25:18 MD Un déménagement.

01:25:19 P1 Oh oui, ne me lancez pas sur ce sujet. Ca va.

01:25:21 MD Non, non. Mais vous l'avez fait aussi ?

01:25:25 P1 Eh bien, oui.

01:25:26 MD Oh, je ne sais pas. Je ne pense pas… vous ne m'avez pas parlé de ça.

01:25:28 P1 Oh non, mais quand j'ai commencé à VX, ma première rotation, je venais de déménager. Je venais de quitter CXXXXX où j'ai vécu pendant six ans (conversation qui se chevauche) complètement nouvelle, je me suis éloigné de la mer et j'ai déménagé à HXXXXXX, pas seulement (conversation qui se chevauche).

01:25:40 MD Vous voyez, vous ne… saviez pas.

01:25:43 P1 Pardon ?

01:25:43 MD C'est gentil de votre part de comparer HXXXXX à CXXXXXXX.

01:25:46 P1 Oui.

01:25:46 MD Intéressant le mot qui va arriver, on va venir avec….

01:25:50 P1 Non.

01:25:51 MD Donc, beaucoup de changements ?

01:25:53 P1 Oui.

01:25:53 MD Et ce n'est que maintenant que vous m'en parlez…..

01:25:55 P1 Ouais.

01:25:56 MD Et ils sont tous énormes en soi, oui ?

01:26:01 P1 Mm-hmm.

01:26:02 MD Ce n'est pas de la condescendance. Il s'agit de mettre sur la table les points positifs. Mais aussi, ils sont énormes. C'est ça le truc, les attentes que l'on a… et les pressions auxquelles vous avez été confronté.

01:26:18 P1 Mais je pense que tout le monde d'une certaine manière… tout le monde, leur premier stage devient d'une certaine manière leur exemple de ce que ça devrait être. Et mon premier stage, et nous pouvons en parler pendant des heures, n'était pas bon. Nous étions très, très peu soutenus. Nous avons passé trois semaines sans qu'un senior ne fasse de tournée des services. Nous n'avons fait que du X1 pendant trois semaines. Et je ne suis médecin que depuis un mois. Et beaucoup de nos patients n'étaient pas de bon augure à la fin de ces trois semaines parce que nous n'avions aucune idée de ce qui se passait. Et je suis devenu très mou et très laxiste dans ma façon de faire les choses parce que c'était simplement la seule façon de faire le travail. Et je n'ai pas regardé… J'étais en chirurgie. Je ne regardais pas leurs médicaments. Je n'ai pas regardé leurs antécédents médicaux. Et bien sûr, c'était une indication apport massive. Et je ne l'ai pas remarqué. Et je pense que lorsque je suis passé aux soins intensifs, c'était tellement… vous avez un patient, vous devez tout savoir sur lui. Vous devez connaître leur niveau de potassium de la veille [inaudible 01:27:16]. Je me disais : "Pourquoi ? Pourquoi ai-je besoin de savoir ça ?" J'ai… j'étais en mode bandit. Vous voyez ce que je veux dire ?

01:27:25 MD Mm-hmm.

01:27:25 P1 Et je pense que dans ce stage, c'était une fois de plus très minutieux, très lent, très bon sur la gouvernance clinique et la sécurité des patients en fait. J'ai eu du mal à me débarrasser de cette façon initiale de travailler, laxiste. Donc, cela n'a pas aidé du tout.

01:27:41 MD Non, ça n'a pas aidé. Mais en même temps, vous avez quand même été… vous ne pouvez pas mettre de côté l'expérience des trois endroits différents.

01:27:49 P1 Oui, oui, ils étaient très différents.

01:27:51 MD Et si vous aviez l'impression de réussir dans les trois, pensez-vous que vous en auriez appris autant que vous avez appris de ?

01:27:59 P1 Je serais probablement plus heureux. (Rires)

01:28:01 MD Oui. Donc, le sentiment que tout cela sera (conversation qui se chevauche).

01:28:02 P1 Moins de cheveux gris.

01:28:06 MD Ça vous a fait rire parce que vous connaissez déjà la réponse.

01:28:06 P1 Non (conversation qui se chevauche). Eh bien, non, ça ne le serait pas. Mais en même temps, je n'ai pas l'impression d'être sorti de tous ces événements en me sentant positif et comme un champion. C'est là le problème. Et je pense que je suis très dur avec moi-même. Et j'ai l'impression que tout le monde autour de moi a l'air d'aller bien, pourquoi je n'irais pas bien ? Et aussi, c'est pas la merde de finir X1 le mardi et de commencer X2 le mercredi. Et vous n'avez aucune chance de vous asseoir là et de boire du champagne et de penser, vous savez, j'ai vraiment bien réussi, juste (conversation qui se chevauche).

01:28:33 MD Vous ne l'avez pas suggéré ?

01:28:34 P1 Non, pas du tout. Et je ne le ferai jamais, parce que c'est ça, la médecine. Et on… on continue et on continue. Et, vous savez, je trouve ça triste d'une certaine façon.

01:28:43 MD C'est… dans un sens, c'est une pensée qui fait peur.

01:28:47 P1 Oui, peut-être.

01:28:47 MD Est-ce que vous le savez ?

01:28:48 P1 Oui, on passe par tout ça. Et ensuite, qu'est-ce qu'on obtient ? Récompensé par le passage au niveau supérieur, et c'est reparti. Je vais être un JJJ chirurgical mercredi, je ne peux même pas vous expliquer à quel point c'est effrayant.

01:28:59 MD Peut-être que ça va (conversation qui se chevauche).

01:29:00 P1 Je vais m'en sortir. Je vais m'en sortir. Je vais bien faire. Tout ira bien. Mais je dois retourner en chirurgie. Et la chirurgie avec ce niveau de confiance ce n'est pas génial, et c'est dangereux. Les problèmes de sécurité des patients sont énormes. Les gens meurent tout le temps de choses dont ils ne devraient pas mourir à cause des lacunes de notre système, surtout en chirurgie. Et je vais diriger ça, je serai le seul médecin qui fera de la chirurgie [inaudible 01:29:20]. C'est tout simplement fou. C'est absolument fou. Et je me soucie trop, c'est l'autre problème. Mais quelle est la définition de trop ? Trop, c'est au point de ne plus pouvoir fonctionner dans son travail. Et, oui, ce n'est pas [inaudible 01:29:35]. Ouais.

01:29:38 MD Eh bien, sachant maintenant que vous êtes de retour. Je sais que vous… [inaudible 01:29:42]

01:29:44 P1 De retour dans ma première rotation.

01:29:46 MD Oui. Donc, vous avez combien de jours avant de commencer ?

01:29:49 P1 J'ai… littéralement lundi, mardi. Donc, les mardis… donc, demain c'est mon dernier jour de X1, et je vais [inaudible 01:29:54].

01:29:55 MD Vous êtes encore là demain ?

01:29:56 P1 C'est ça, oui, oui.

01:29:58 MD Vous allez y aller?

01:29:59 P1 Oui. (Rires) Je ne vais pas faire grand-chose, mais j'irai. (Rires)

01:30:04 MD Tout le monde sera là.

01:30:05 P1 Non.

01:30:06 MD Alors, quand sont vos vacances ?

01:30:09 P1 Alors, je suis allé à M en janvier. Je suis allé à MM en mars. Je suis allé à MMMM. Et en juin, je suis allé à… non, je suis allé à MMMM en mai. Je suis allée à MMMMM en juin.

01:30:21 MD D'accord.

01:30:22 P1 Et je vais, je l'espère, aller à NN en octobre.

01:30:26 MD Donc, ce n'est pas trop mal.

71 01:30:29 P1 C'est un peu la chose dans laquelle je dépense mon argent, les vacances.

01:30:32 MD Mais c'est nécessaire ?

01:30:33 P1 Oh oui, absolument nécessaire, oui.

01:30:35 MD Parce que ?

01:30:37 P1 Je pense que j'ai travaillé pour mes prochaines vacances. Donc, cette rotation, en fait, j'ai eu beaucoup de… j'ai pris deux fois des vacances en fait. J'ai utilisé mes jours zéro et mes astreintes pour les prendre. Et puis les deux derniers mois, j'ai eu tous les vendredis et tous les lundis, c'était un tel rêve, et je me suis rendu compte que je pourrais faire ça pour le reste de ma vie (rires). Donc, j'ai en quelque sorte… c'était bien. Parce que l'autre chose, c'est que lors de mon stage aux soins intensifs, j'ai condensé chaque seconde de vacances dans des vacances. Je n'avais pas le temps de m'asseoir à la maison, de me détendre, de trier mon linge, de faire les courses ou toute autre activité de routine. Donc, je travaillais même pendant les vacances, et en fait, les vacances sont stressantes parce que… Donc, je ne sais pas. J'ai bien fait de faire ça la dernière fois et je vais le faire la prochaine fois. Peut-être utiliser la moitié de mes congés pour des vacances réelles et l'autre moitié pour me détendre.

01:31:29 MD Oui, c'est logique.

01:31:30 P1 Oui, complètement.

01:31:31 MD Alors, vous êtes de retour mercredi ?

01:31:35 P1 Oui.

01:31:36 MD Et vous vous sentez légèrement, vous…

01:31:38 P1 J'y retourne, oui.

01:31:40 MD Mais vous y êtes déjà allé ?

01:31:42 P1 Ouais.

01:31:42 MD Alors, c'est familier ?

01:31:45 P1 Oui. C'est drôle parce que j'ai détesté VX quand j'étais en VX, mais ensuite j'ai détesté encore plus les soins intensifs, et alors là VX m'a semblé être un rêve. J'ai dû choisir mes stages quand j'étais aux soins intensifs. Tout ce que je voulais c'était retourner en VX, ce qui était….

01:31:57 MD Oui

01:31:58 P1 C'était… et je le savais. C'était l'enfer que je connaissais. J'ai juste… je me sentais comme si j'étais à ma place là-bas, et je savais ce qui se passait. Et donc, j'ai choisi VX à nouveau, maintenant que je suis allée à EXX, que j'ai apprécié EXX, que j'ai réalisé qu'en fait, vous savez, le changement est bon dans un sens. Et je peux faire face à ce genre de choses. Et me disais, vous savez, "Qu'est-ce que je fais ici ? [inaudible 01:32:18]

01:32:19 MD Mais quelles autres options ai-je ?

01:32:21 P1 Quelles autres options ? Donc, pour le moment, je n'ai aucune option. Je commence mercredi.

01:32:26 MD Et après ?

01:32:27 P1 Oh, après, je vais passer à OG, ce qui sera bien. C'est assez bien soutenu ici. Et puis je vais passer à la communauté EXX, qui sera différente de l'EXX.

01:32:38 MD Oui. Et ensuite….

01:32:40 P1 Ensuite, je vais prendre une année sabbatique.

01:32:42 MD C'est ce que vous avez dit. Donc, vous allez toujours prendre une année sabbatique ?

01:32:45 P1 Oh oui, certainement.

01:32:47 MD Et avant ce trimestre ?

01:32:48 P1 **Je vais probablement prendre deux ans de congé.**

01:32:50 MD Oui. (Rires) J'allais juste dire parce que vous m'avez dit (rires) que vous m'aviez dit qu'il fallait prendre un an, et puis (conversation qui se chevauche) que (conversation qui se chevauche) deux.

01:32:55 P1 Oui, (conversation qui se chevauche). Eh bien, la raison, c'est parce que on doit postuler. Donc, on termine en août, et on doit postuler en octobre et… septembre, octobre. Donc… et j'ai un mois pour planifier la carrière que je veux pour le reste de ma vie, ce qui ne me tarde pas vraiment. Donc, il vaut mieux que j'aie un an pour décider du mois de septembre suivant, puis que je travaille pendant un an pour y arriver.

01:33:19 MD Alors, quels sont les choix que vous avez ?

01:33:21 P1 Alors, je pense que j'ai… quand je dis une année sabbatique, je ne vais pas littéralement m'asseoir sur une plage pendant un an, je vais plutôt travailler comme suppléant. Et je vais finir par gagner beaucoup plus d'argent et travailler beaucoup moins d'heures. Et je pourrai choisir quand je travaille et choisir les hôpitaux dans lesquels je travaille. Et j'espère pouvoir me concentrer davantage sur l'éducation, et d'autres choses qui m'intéressent. J'aurai un peu plus de contrôle sur ma vie.

01:33:47 MD Oui… [inaudible 01:33:47].

01:33:48 P1 Oui.

01:33:49 MD C'est logique. Donc, vous pensez que vous allez rester quelques années comme ça avant de revenir ?

01:33:54 P1 Oui. Je ne pense pas qu'il y ait une quelconque urgence à terminer. Je veux dire, j'ai commencé l'école de médecine quand j'avais 18 ans. Donc, j'ai été sur un tapis roulant toute ma vie. Et j'ai fait ma première, deuxième et troisième année de médecine. Et j'ai eu une année sabbatique. Et j'ai fait un BSc en éducation médicale à Londres. Et je me suis dit, "Oh ! C'est comme ça que les gens normaux vivent. Il y a autre chose dans la vie que la médecine !" Et je retournais à BXXXXX en disant : "Hé les gars, vous saviez ? Il n'y a pas que la médecine dans la vie". Ils étaient là, non, ils ne savaient pas qu'il y avait autre chose. Et tous mes amis sont restés à BXXXXX qui est tout pour la médecine, la médecine, la médecine. Et moi, je me disais : "Non, je pourrais devenir un universitaire. Je pense surtout [inaudible 01:34:27]." Je n'ai pas à travailler de longues journées et à faire des astreintes. Je peux avoir une vie. Et, oui, ça a changé ma façon de voir les choses. Et j'ai eu beaucoup de mal à terminer mon diplôme de médecine parce que j'étais tellement [inaudible]…

01:34:39 MD Quand l'avez-vous fait ?

01:34:41 P1 Eu mon diplôme ? J'ai commencé à 18 ans. C'était il y a longtemps.

01:34:46 MD Oui. Alors, vous avez l'impression d'avoir fait un long voyage ?

01:34:51 P1 Oh, oui, c'est un très long voyage parce que je m'y suis lancé alors que je me sentais plus comme un enfant que comme un adulte. Donc, dans ce sens, j'ai l'impression d'avoir toujours (conversation qui se chevauche).

01:35:01 MD Est-ce que ça fait 10 ans ? Combien de temps cela fait-il ?

01:35:04 P1 Je pense que c'est assez [inaudible 01:35:04]. J'ai commencé en 20XX. Donc, c'est….

01:35:07 MD Oui ?

01:35:10 P1 Alors, j'ai fait l'école de médecine pendant cinq ans [inaudible 01:35:12]. Donc….

01:35:16 MD C'est quand même une longue période.

01:35:18 P1 C'est vrai. Et avec les années qui passaient, c'était encore plus long. Et c'était juste… c'était juste tout le développement (conversation qui se chevauche) de la personne dans cette année-là, et [inaudible 01:35:25]. Ouais.

01:35:28 MD Vous étiez en train de grandir.

01:35:29 P1 Oui, exactement. Je pense que j'ai connu une croissance exponentielle cette année-là par rapport aux autres années, sans aucun doute. J'ai juste réalisé beaucoup de choses sur moi-même. Ouais.

01:35:40 MD De quelle année parlons-nous ?

01:35:42 P1 20XX. Oui.

01:35:45 MD C'était en RRr ans alors ?

01:35:46 P1 Oui.

01:35:47 MD Ce qui s'est passé alors semble significatif.

01:35:51 P1 Oh oui, absolument. Quand j'ai emménagé à la DDSS, je vivais dans des résidences universitaires au centre de la DDSS [inaudible 01:35:57], je vivais comme un esprit libre et je faisais toutes sortes de choses. Juste toutes ces choses que je n'ai jamais faites quand j'ai rejoint l'université parce que je voulais juste être un docteur. Je veux être un bon médecin et faire ça. Et pendant mon [inaudible 01:36:11] la meilleure chose que j'ai jamais faite. Et puis, oui, je suis retourné à BXXXXX, et je ne pouvais plus me sentir aussi bien. Donc, en étudiant la médecine, je me suis dit qu'il y avait plus que ça dans la vie. Je pourrais gagner de l'argent autrement. Parce que vous riez, mais à l'école de médecine, je n'étais ami qu'avec des médecins. Et les médecins ne sont amis qu'avec les médecins. Donc, tu vis dans cette bulle où tout le monde autour de toi, tout ce qu'ils veulent c'est devenir un médecin qui réussit. Et en fait, je ne veux pas être un bon médecin. Je veux juste être un médecin. Genre, je veux avoir une vie et être un médecin. Et si tu dis ça aux gens, ils te demandent si c'est possible. Tu leur réponds, oui, je l'ai vu ! (Rires) Oui, c'est fou, vous savez.

01:36:52 MD Mais ça amène, quand vous en parlez comme ça, vous avez l'air extrêmement heureux, vous avez l'air très heureux.

01:36:58 P1 Oui, je suis très heureux. C'est sûr. Je pense que mon GGGG fait ressortir ce côté de moi, comme… je suis tellement excitée par des choses comme l'organisation de l'intronisation, comme si c'était une bonne chose pour moi. Et je pleure toujours dans ces cas-là. Ça semble ridicule, mais une X1 est venue me voir, et elle m'a dit… eh bien, c'est une nouvelle X1. Elle m'a dit, "Merci beaucoup pour tout ce que tu as fait ces derniers jours", et bla, bla, bla. "Tu viens au pub plus tard ? Je suis tellement contente". Je me suis sentie si heureux parce que j'avais vraiment l'impression d'avoir investi en eux et qu'ils avaient apprécié.

01:37:33 MD Donc, il y a quelque chose dans ce côté des choses dans lequel vous aimeriez être impliqué.

01:37:37 P1 Oh oui, certainement. Oui.

01:37:39 MD Mais je pense qu'il s'agit aussi d'un sentiment de soi dans… dans tout ce que vous faites, c'est du travail, du travail, du travail.

01:37:54 P1 Oui, c'est ça.

01:37:54 MD Devenir et devenir. Et je sais que cela va sembler… mais je pense à ce sentiment de se démarquer. C'est assez important pour vous aussi.

01:38:13 P1 Quoi, genre devant les gens ?

01:38:16 MD Non, plutôt dans la différence.

01:38:19 P1 Oui, oui. Je ne veux pas être ce genre de [inaudible 01:38:22] médecin. C'est vrai. C'est de toute évidence la façon dont on mesure le succès, parce que je suppose que lorsque j'ai fait mes études de médecine, je pensais que pour réussir, il fallait avoir beaucoup d'argent et faire partie des [inaudible 01:38:36]. Et je me suis rendu compte que j'ai grandi en réussissant [inaudible 01:38:41]. Je sais ce que c'est que d'être [inaudible 01:38:44] des consultants qui sont comme ça, qui ne semblent pas bons [inaudible 01:38:47]. Et pour moi, ce n'est pas une réussite et ils n'aiment plus leur travail. [inaudible 01:38:51]. Donc, oui, ça a beaucoup changé ma façon de voir les choses. Ouais, c'est comme ça que le drame des soins intensifs a commencé. Mon superviseur, mon superviseur des soins intensifs m'a dit, "Dans quoi voulez-vous vous spécialiser ?" Et j'ai dit, "En fait, je pense ne pas suivre la voie clinique. Je pense me spécialiser dans l'éducation médicale". Et il m'a regardé comme si j'avais tué son chat. Et il était là… "Vous voulez faire ça ?" J'ai répondu : "Non, je pense ne pas poursuivre une carrière en médecine". Et il… il ne m'a plus jamais regardé de la même façon, comme s'il m'avait parlé comme à un idiot. Et puis le jour où il m'a dit qu'il ne pouvait pas me renvoyer, il m'a dit quelque chose… et alors j'ai essayé de me défendre. Et j'ai dit, "Non, en fait, j'ai beaucoup appris dans cette rotation". Et j'ai commencé à lui dire, vous savez, les larmes aux yeux, j'ai commencé à essayer de lui dire les choses que j'ai apprises dans cette rotation. Et puis il a dit, "Qu'allez-vous faire quand vous aurez arrêté la médecine ?" J'étais là, "Quoi ? Comment osez-vous ?" C'était horrible. Et il était tellement, ouais, tellement fixé sur ça. Parce qu'évidemment, pour lui, c'était un échec.

01:39:58 MD Oui

01:39:59 P1 Et pour beaucoup de personnes travaillant dans le domaine de l'anesthésie, cela serait un échec d'abandonner la médecine. Le mot "abandon" lui-même est un mauvais mot, n'est-ce pas ? Ce n'est pas que j'abandonne. C'est faire autre chose.

01:40:11 MD Oui, c'est ça. Et d'amener cet apprentissage à un autre niveau, un autre côté.

01:40:15 P1 Oui, c'est ça.

01:40:17 MD Comment vous sentez-vous maintenant ?

01:40:20 P1 Bien. (Rires)

01:40:21 MD Oui ?

01:40:22 P1 Oui.

01:40:22 MD Et nous avons gardé un très… très différent cette semaine.

01:40:29 P1 Oui, c'était une longue conversation.

01:40:32 MD Est-ce que cela vous a aidé ?

01:40:35 P1 Oui, je pense que oui. Je le pense, je sais pas. C'est utile, mais c'est comme si… je m'inquiète toujours, je m'inquiète que cela se reproduise toujours. Vous comprenez ce que je veux dire ?

01:40:50 MD Oui. Et comment pensez-vous pouvoir empêcher que cela se produise dans votre vie, en construisant des murs ?

01:40:57 P1 Ou des ponts. (Rires) Construire des murs. Je pense… je ne sais pas. Je pense, oui.

01:41:05 MD Je suis d'accord avec vous. Je suis d'accord.

01:41:06 P1 Oui. Et je pense que j'ai juste besoin de… J'ai la scène dans ma tête, mais j'ai l'impression d'être très exigeant, et de faire tout le temps des histoires pour rien. Et en fait, parfois, je fais tout un plat de rien du tout. Mais, A, ça fait partie de ma personnalité et, B, je ne le fais pas tout le temps. Comme quand des trucs, comme ça, se produisent. Quand j'étais aux soins intensifs, j'avais vraiment besoin d'aide. Je ne pouvais pas accepter le fait que j'avais besoin d'aide parce que j'avais l'impression de faire toute une histoire pour rien, parce que quand Y était aux soins intensifs, Y allait bien, alors pourquoi je ne vais pas bien parce que Y allait bien ?

01:41:44 MD Ok, tu n'es pas Y, alors ?

01:41:46 P1 Oui, mais vous savez ce que je veux dire ? Ça (conversation qui se chevauche).

01:41:47 MD Je sais, mais je veux un exemple concret de cette idée de maintenance élevée.

01:41:53 P1 Je pense à mon incapacité à ne pas m'ennuyer ridiculement pendant une ronde de deux heures, et à ne pas vouloir rouler des yeux aux gens quand ils me posent des questions pendant une ronde de deux heures. Et, vous savez, je ne... d'une certaine manière, tout le monde autour de moi peut se débrouiller pendant deux heures en restant debout et en faisant son truc, mais pas moi. Et je ne peux pas... comme, je veux avoir de l'autonomie, et je sens que je serais capable de faire les choses à ma façon. Donc, je ne peux pas.

01:42:21 MD Ok. Donc, pour vous, c'est comme si on vous enlevait quelque chose ?

01:42:31 P1 Oui, genre tous les jours.

01:42:33 MD Donc, [inaudible 01:42:34] parler. Ou quelqu'un qui a peut-être été dans une position d'enseignant, à qui on a demandé de s'asseoir dans une salle de classe pour participer et être enseigné plutôt que de continuer. Donc, pour vous, c'était comme un voyage. Vous êtes déjà arrivé à un moment où vous n'aurez pas à revenir

01:43:05 P1 Oui, oui.

01:43:07 MD ... à une position où vous devez commencer à ressentir, "Oh, je dois commencer à partir d'ici", mais tout en étant déjà là ?

01:43:16 P1 Oui.

01:43:16 MD Et vous avez trouvé cela très difficile ?

01:43:18 P1 Oui. Et je pense que j'ai trouvé cela plus difficile parce que, à ce moment-là, je ne voulais pas poursuivre une carrière de médecin clinicien. Donc, c'était doublement ennuyeux parce que je ne voulais même pas savoir ce qu'ils m'enseignaient parce que je n'avais aucune motivation et aucun intérêt pour cela. Donc, ça rendait les choses encore plus difficiles.

01:43:35 MD Oui. Mais est-ce que vous voyez que le fait même de vouloir... le fait de reconnaître ça, la résistance à ça, c'est ce qui va t'aider à développer une stratégie ou un mécanisme... une réponse différente dans une situation similaire.

01:43:55 P1 Oui, mais je ne sais pas quelle pourrait être cette réponse.

01:43:58 MD Je sais. Donc, c'est pour ça que nous allons parler...

01:44:00 P1 Oui.

01:44:01 MD ... à propos de diverses choses. Et les explorer pour faire un lien avec quelque chose qui vous est assez familier par rapport à ce sentiment de devoir peut-être rester avec ce sentiment de, ok, on n'a pas besoin de vous ou vous n'avez pas à exceller ou vous n'avez pas à faire quoi que ce soit. Cela vous va ?

01:44:27 P1 Oui.

01:44:27 MD De quoi s'agit-il ?

01:44:29 P1 Je pense que c'est... ouais, c'est délicat. Je pense que c'est vraiment délicat.

01:44:35 MD C'est très délicat, oui. Et pourquoi c'est délicat ?

01:44:39 P1 Parce que (rires) je suppose que j'ai l'impression que tout ce que je fais, je veux le faire dans un but précis. Et donc, vous savez, je vais au travail pour fournir un service. Et j'ai l'impression que lorsque j'étais aux soins intensifs, non seulement mon service était là pour... mon unique rôle était que j'apprenne, mais je ne voulais pas apprendre.

01:44:58 MD Mais vous vous êtes senti coupable ?

01:44:59 P1 Oui. Je ne me sentais pas coupable, mais je me sentais coupable de gâcher cette opportunité parce que je ne voulais pas apprendre.

01:45:04 MD Ce qui est (rires) acceptable, mais c'est une façon plus agréable de dire exactement la même chose que moi ?

01:45:13 P1 Je ne dirais pas que je me suis senti coupable. Je me sentais plutôt comme si je ne pouvais pas comprendre ce que je... pourquoi je ne pouvais pas juste... être reconnaissant du fait que j'étais là pour apprendre, alors que tous les autres qui travaillaient aux soins intensifs aimaient ça parce qu'ils aimaient ne rien faire de la journée. Je détestais le faire.

01:45:29 MD Ok. Alors, est-ce que cela pourrait être lié au fait que vous ne vous sentiez pas utile ?

01:45:34 P1 Absolument. Je ne me sentais pas du tout utile. Alors qu'à VX, si je ne venais pas travailler la journée à VX, honnêtement, tout s'écroulait comme [inaudible 01:45:42] pour tout le monde.

01:45:43 MD Donc, c'est le gros problème parce qu'il n'y avait pas cette association avec le fait qu'on avait besoin de vous là-bas.

01:45:55 P1 Oui.

01:45:56 MD Et qu'est-ce que cela signifie pour vous ?

01:46:02 P1 J'ai juste l'impression que je... j'ai l'impression que dans ma tête, à tort ou à raison, je sais ce que je veux d'une situation et je sais ce dont j'ai besoin.

01:46:12 MD Oui, mm-hmm.

01:46:14 P1 Et si je suis en train de faire quelque chose et que je n'ai pas besoin d'être là, et que je ne veux pas être là, alors pourquoi suis-je là ? Qu'est-ce que je lui apporte en fait ?

01:46:22 MD Mais vous parlez maintenant de l'ensemble de l'apprentissage, oui ? C'est ça... ça en soi, cet apprentissage en soi, c'est quelque chose d'assez important. Parce que parfois, au fond, vous apprenez qu'il n'y a rien que vous puissiez faire pour changer la situation, peu importe à quel point vous en savez beaucoup, et peu importe ce que vous savez ?

01:46:44 P1 Oui.

01:46:46 MD Et peut-être que c'est difficile pour vous. C'est peut-être ce que vous combattez, et peut-être que c'est ce à quoi vous êtes confronté. Et cet apprentissage n'est pas quelque chose que vous pouvez... vous m'en parliez tout à l'heure, l'apprentissage que vous seriez heureux de ne pas avoir à... si vous aviez le choix, vous ne le revivriez pas. En y réfléchissant maintenant avec moi, vous ne le feriez pas ?

01:47:07 P1 Quoi, revivre (conversation qui se chevauche) ?

01:47:08 MD Cette expérience.

01:47:10 P1 Non. (Rires)

01:47:10 MD Non, mais dans le sens de l'apprentissage en lui-même, ce qu'il signifie.

01:47:15 P1 Quoi, l'apprentissage réel que j'aurais pu en tirer ?

01:47:16 MD Oui, comment parfois c'est... il n'y a rien que vous puissiez faire, et vous aurez ce sentiment de ne pas être utile dans une situation.

01:47:29 P1 Je pense que lorsque je déménagerai... lorsque je deviendrai un SHXXX la semaine prochaine et que j'aurai trop de responsabilités, et que je me sentirai dépassé, je regretterai probablement de ne pas avoir été dans une position où je n'avais rien à faire, et où j'étais juste là pour apprendre.

01:47:41 MD Ok. Donc, peut-être que ce sont des extrêmes ?

01:47:44 P1 Hm, je ne le ressens pas en ce moment. Non.

01:47:48 MD Mais celui dont je parlais tout à l'heure, je touchais à quelque chose de plus important que ça, le sentiment de vouloir être présent et de contribuer. Contribuer vraiment, et contribuer de manière désintéressée, non ? Cela semble plus altruiste. Qu'est-ce que c'est que ce sentiment de "je ne veux pas seulement être là pour apprendre, je veux aussi être là pour aider" ?

01:48:16 P1 Oui. Oui, je pense que c'est vrai. Je pense que je voulais davantage être là pour aider que pour ne pas être là pour apprendre. C'est logique ? C'était plus ma priorité. Je pense que si j'avais appris quelque chose qui m'intéressait, si j'avais senti que cela me serait bénéfique à long terme, alors j'aurais été très différent, j'aurais eu une expérience très différente.

01:48:37 MD Pensez-vous que vous vous êtes permis de voir réellement cette situation, de voir si vous appreniez réellement de cette situation ?

01:48:42 P1 Non, je ne l'ai pas fait. Je ne me suis jamais permis d'accepter cela, parce que je voulais juste sortir toute la journée, tous les jours, pendant quatre mois. Honnêtement, sans aucun doute.

01:48:54 MD Mais vous voyez, c'est quelque chose. Vous apprenez quelque chose de cela.

01:48:57 P1 Eh bien, j'ai juste tellement peur de me retrouver dans cette situation à nouveau.

01:49:02 MD Et comment pensez-vous que cette situation va vous arriver ?

01:49:05 P1 Eh bien, j'ai choisi l'une des rotations cette fois-ci en raison de la diversité du travail. Je ne m'intéresse absolument pas à l'obstétrique et à la gynécologie, mais je sais qu'ils passent une partie de leur temps en obstétrique, une partie de leur temps en ambulatoire et une partie de leur temps à couvrir la gynécologie. Donc, dans ma tête, je me dis que si un tiers est mauvais, je ne suis là que pour un tiers. J'étais censée être en A&E, et en fait j'ai échangé parce que je ne pouvais pas imaginer aller en A&E. J'ai pensé que je détesterais ça. Peut-être que je détesterais ça. Et puis être coincé là pendant quatre mois à faire la même chose tous les jours. Et je réalise que c'est parce que les soins intensifs étaient si répétitifs. Et la répétition était une chose avec laquelle je me battais parce que je détestais ce cycle, vous savez.

01:49:42 MD Ok. Donc, vous avez appris quelque chose.

01:49:43 P1 Oui.

01:49:44 MD Vous avez appris que vous n'aimeriez pas être quelque part, ou peut-être que vous aimeriez être dans un endroit pour avoir quelque chose dans un travail en deux parties qui impliquera plus qu'une seule partie.

01:49:57 P1 Oui.

01:49:59 MD Donc, il y a beaucoup de choses que vous pouvez apprendre de cela. Cette réponse **me rappelle l'aile**, l'équipe où l'on a vraiment besoin de vous.

01:50:09 P1 Oui.

01:50:09 MD Et vous pouvez diriger ou prendre les devants parfois, plutôt que d'être mis dans un coin, ou d'une manière ou d'une autre ils vous donneront des vacances pendant quatre mois, mais vous pouvez être présent.

01:50:19 P1 C'est drôle parce que je vois le fait d'être **un leader** comme une chose négative. Et je vois ça comme le fait que je sois... que je veuille être le centre d'attention. Mais je ne veux pas diriger les gens pour... pour qu'ils sentent que je suis important et qu'ils doivent se prosterner devant moi. C'est juste que... j'aime diriger les gens. Je suis doué pour diriger les gens. Vous savez, en organisant des intronisations, je n'ai jamais donné d'ordres à personne. Mais je... vous voyez ce que je veux dire ? Je trouve ça dommage que je voie ça comme une chose si négative.

01:50:44 MD Est-ce que le fait de diriger aide ?

01:50:46 P1 Oui. Ce n'est pas une dictature. Il y a une différence. Mais dans ma tête, je n'ai pas....

01:50:52 MD **Vous devez vous excuser pour toutes les autres choses que vous allez souhaiter pour vous-même comme étant une bonne chose ?**

01:50:59 P1 **Oui, je le fais. Je le fais.**

01:51:00 MD Parce que c'est immérité ?

01:51:02 P1 Non, parce que j'ai l'impression que ce n'est pas une bonne chose. C'est une chose négative.

01:51:07 MD Qui dit que c'est négatif ?

01:51:10 P1 C'est moi.

01:51:11 MD Oui, je sais. Pourquoi ?

01:51:14 P1 Je ne sais pas. Je suppose que je... Je suppose que lorsque je vois des personnes qui dirigent des situations, j'ai l'impression qu'elles abusent de cette position de pouvoir. Et ils sont un peu... ils sont condescendants avec les gens en dessous d'eux, et ils l'utilisent à leur avantage. Alors que je suis très conscient quand les gens font ça. Je suis très conscient de ces occasions. Et puis quand je suis dans une position où je dirige des gens ou dans une position d'autorité...

01:51:46 MD Vous n'en profiterez pas ?

01:51:48 P1 ... Je fais très, très attention à ne pas le faire. Pourtant, j'ai toujours l'impression qu'en voulant être dans cette position, je veux le faire pour des raisons désintéressées, mais je ne pense pas vraiment [inaudible 01:51:58] cela.

01:52:01 MD Non, je pense... Je veux dire, peut-être que ça a une connotation négative.

01:52:07 P1 Oui, exactement, et je pense que c'est le cas. C'est vrai.

01:52:10 MD Mais je ne pense pas que ce que vous dites soit en aucun cas négatif. Nous avons [inaudible 01:52:12] la semaine dernière.

01:52:19 P1 Non, nous ne l'avons pas fait.

01:52:20 MD Et l'autre [inaudible 01:52:20]. Mais en fait, la raison pour laquelle nous ne l'avons pas fait est que je pensais au nombre de sessions. Et nous en avons habituellement six, mais nous avons beaucoup changé le nombre de séances/cours de thérapie. Donc, je vois le long terme, comme avant, mais ceci est un court terme, bref. Nous pourrions faire un bilan. Mais si nous commençons avec 10, 12, qu'en pensez-vous ?

01:52:45 P1 Oui.

01:52:46 MD Oui ? La raison pour laquelle je suggère ça, c'est que je pense que nous aurons, comme nous l'avons dit, peut-être à parler pendant quelques sessions. Et nous pouvons nous arrêter plus tôt. Mais il serait bon pour vous d'avoir une fin en tête.

01:53:01 P1 Oui.

01:53:02 MD Et si nous voulons aborder quelque chose de plus que nous pourrions considérer rapidement comme une thérapie cognitivo-comportementale, qui est un travail en soi, alors nous pouvons intégrer cela.

01:53:15 P1 C'est une bonne idée.

01:53:17 MD Oui ?

01:53:17 P1 Oui.

01:53:19 MD Mais je voulais vérifier avec vous. Donc on dit 12 ?

01:53:24 P1 12 séances ?

01:53:26 MD Oh, est-ce que ça ressemble à… ?

01:53:28 P1 Non, ça sonne bien. Je sais que ça a l'air vraiment stupide, mais j'ai besoin de savoir combien de temps ils restent dans ma tête, comme…..

01:53:33 MD Oui. On pourrait les limiter à une heure, mais 50 minutes, c'est mieux. Aujourd'hui, une heure comme deuxième évaluation.

01:53:42 P1 Comment ça, une heure et 15 minutes ?

01:53:44 MD Non, non, une heure.

01:53:46 P1 D'accord.

01:53:46 MD Oui. Non, non, non. Je ne vais pas rendre **la situation insupportable**. Donc, ce n'était pas (conversation qui se chevauche).

01:53:51 P1 Non, j'aime… comme dans j'aime qu'ils soient d'une heure. Je ne voudrais pas… parce que ma… la dernière fois que j'ai eu une consultation, elle disait que les séances duraient une heure.

01:53:59 MD Elles durent 50 minutes si… c'est la durée, une heure c'est 50 minutes.

01:54:02 P1 Mais ensuite, elle les a arrêtés à 22. Et elle m'a dit : "Ok, c'était la fin de la session". Et à chaque fois, j'étais là….

01:54:08 MD À quelle heure avez-vous commencé la…

01:54:11 P1 A n'importe quelle heure. Si je commençais à une heure… et c'est comme quand j'étais à l'université et que je suivais des séances de conseil, elle disait qu'elles dureraient une heure. Et puis 40 minutes plus tard, elle disait : "Ok, terminons la séance". Et alors j'étais… à chaque fois, j'étais comme vraiment pris au dépourvu parce que je me disais que ce n'était pas une heure. Regardez, il y a un problème dans votre tête. Vous vous préparez pour une heure et vous pensez que vous avez 40 minutes.

01:54:29 MD Et une heure, c'est 50 minutes.

01:54:32 P1 Oui.

01:54:32 MD Ce n'est pas 40 et ce n'est pas une heure.

01:54:33 P1 Oui, non, exactement, ce qui me semblait un peu….

01:54:36 MD [inaudible 01:54:36]. L'heure thérapeutique est un cadre, ça compte.

01:54:37 P1 Quelle est la date ? XXX aujourd'hui 1ère session

01:54:39 MD Oui, c'est 50 à une heure aujourd'hui. Maintenant, pour la semaine prochaine, à quelle heure êtes-vous en XXXX ? Parce que je termine plus tôt la semaine prochaine. Je n'ai pas de D:DD et je n'ai pas de D:DD. Mais je pourrais vous voir plus tôt dans la journée si vous êtes libre.

01:55:07 P1 Tricky.

01:55:08 MD Bien.

01:55:09 P1 Donc, je suis en train de réfléchir. Le problème, c'est que je commence mon nouveau stage la semaine prochaine. Donc, je ne suis pas tout à fait sûr de ce qui se passe en termes de….

01:55:20 MD A quelle heure commencez-vous ?

01:55:21 P1 D:DD

01:55:22 MD Le matin ?

01:55:23 P1 Oui.

01:55:24 MD Oh, ok. J'ai… sans aucun doute, j'ai ….. Je pense que j'ai un … aussi. Donc …DD. Donc, DD, est-ce que DD c'est bon ?

01:55:37 P1 C'est ça le truc, comme je ne sais pas vraiment si c'est acceptable de disparaître pendant une heure au milieu de la journée. C'est ce qui m'inquiète. Ça le sera probablement. Mais l'une de mes inquiétudes concerne les temps libres (conversations qui se chevauchent).

01:55:50 MD Ok. Est-ce que c'est… bon, faisons autre chose. Si ça ne va pas pour DD, je resterai pour GG, mais j'espère que vous pourrez le faire.

01:55:59 P1 Oui. Mais je ne le dis pas pour être maladroit. Je le dis parce que, c'est….

01:56:01 MD Je sais. Et…. ne pas y aller… va vous rendre plus anxieux. Mais essayons avec ça. Et si quelque chose…

01:56:07 P1 Ok.

01:56:08 MD …arrive de mon côté, alors je vais reprogrammer.

01:56:10 P1 Ok. Alors, quelle date ?

01:56:13 MD Alors, on met KK ?

01:56:16 P1 Lundi, KK ?

01:56:16 MD Oui, lundi, ouais. On essaie d'aller jusqu'à DDpm ?

01:56:19 P1 Je vais faire de mon mieux avec DDpm. Ce sera probablement très bien.

01:56:22 MD Oui ?

01:56:22 P1 Par exemple, si je suis appelé à ……SHXX, je ne peux pas dire : "J'ai une thérapie, je dois y aller". Vous voyez ce que je veux dire ? C'est ça le problème.

01:56:29 MD Ok. Donc, nous allons essayer pour DDpm ou XXpm.

01:56:34 P1 Oui.

01:56:35 MD **Jouez avec les heures maintenant. Et si ce n'est pas le cas, je le fais**, à votre avis, à quelle heure pouvez-vous être là le plus tôt ?

01:56:42 P1 Je veux dire, probablement LLpm. Mais ce serait… alors, qui… comment pourrais-je vous contacter si je ne peux pas ?

01:56:49 MD Si vous ne pouvez pas venir ?

01:56:51 P1 Oui.

01:56:51 MD Oui, mais avez-vous OLOL ?

01:56:58 P1 D'accord.

01:56:59 MD Oui.

01:57:00 P1 Je vais le noter

01:57:02 MD Oui….

01:57:03 P1 Je vous tiendrais au courant, je ne vous laisserais pas en plan…

01:57:09 MD Oui informez-en OLOL. C'est OLOL, oui, mon poste, notre…oui. BBD va répondre j'imagine. Donc, vous le saurez le jour même ?

01:57:19 P1 Oui, je le saurai le jour même, oui. Et c'est probablement (conversation qui se chevauche).

01:57:21 MD Et ici, nous auront le rendez-vous ici.

01:57:24 P1 Je serai en [inaudible 01:57:24]. Mais ma consultante qui est ma… qui sera aussi ma superviseuse pour l'année, elle était vraiment gentille avec moi quand j'étais à VX. Malheureusement, elle est partie parce qu'elle a été mise en congé de maladie de longue durée, ce qui était pénible, mais elle… Je pense que si je lui disais que je suis en thérapie, je pourrais peut-être y aller au milieu de la journée. Honnêtement, je pense qu'elle serait complètement d'accord avec ça. Mais c'est juste parce que je n'y suis pas encore. Vous voyez ce que je veux dire ? Genre je ne veux pas anticiper ça. (conversation qui se chevauche)

01:57:52 MD C'est bon. Laissons passez d'abord la semaine prochaine. Mais aussi, je serai là. Je serai ici DDpm. Si vous ne pouvez pas venir, faites-le moi savoir.

01:58:01 P1 D'accord.

01:58:02 MD Oui. Il suffit d'envoyer un e-mail ou, oui, n'importe quel moyen de contact. Et puis je vais… répondre.

01:58:13 P1 Et à partir de là, pensez-vous que nous pouvons le faire après l'heure du déjeuner ou préférez-vous le faire pendant la semaine ?

01:58:20 MD Eh bien, allons-y… il faut d'abord voir comment vous allez… [inaudible]

01:58:23 P1 Bien sûr, oui.

01:58:27 P1 [inaudible 01:58:27] Et je sais qu'en TTT je vais m'absenter une semaine ou deux, mais il faudra que je regarde ça.

01:58:37 MD D'accord.

01:58:38 P1 Et je vous le ferai savoir la semaine prochaine.

01:58:39 MD Oui, c'est bien si ce n'est pas dans le cadre des 12 sessions.

01:58:41 MD Et en fonction de ce que vous ressentez, nous chercherons à trouver quelque chose qui fonctionne.

01:58:49 P1 Oui, c'est…

01:58:51 MD Ouais. Accommodant. (Rires)

01:58:54 P1 Oui, non, j'apprécie vraiment cela. Je l'apprécie vraiment. Parce que, oui, je pense qu'en venant ici aujourd'hui après le travail, comme vous pouvez le voir, je peux chercher… je peux parler. Vous comprenez ce que je veux dire ? Si j'éclate en sanglots maintenant, je m'en vais et tout va bien. Alors que si j'éclate en sanglots au milieu de la journée, je dois continuer à travailler et je trouve cela très… (conversation qui se chevauche).

01:59:12 MD Pourquoi seriez-vous en larmes ? Pourquoi maintenant ?

01:59:14 P1 Je ne sais pas. Si jamais… mais si je me sentais vraiment instable émotionnellement, alors je dois aller travailler. Je trouve cela vraiment difficile, étant donné que le travail est une chose qui est littéralement… Vous voyez ce que je veux dire ?

01:59:26 MD Oui, c'est la fin de la session et c'est sur cela que nous allons nous concentrer.

01:59:26 P1 Mais je suppose que c'est la même chose pour tout le monde, mais comme… ouais.

01:59:28 MD Oui, c'est vrai. Mais, je veux dire, je comprends. Et je pense qu'il y a des préférences dans ce sens. C'est logique.

01:59:36 P1 Ouais. Oui, on peut trouver une solution, mais… oui.

01:59:39 MD Oui, on peut.

01:59:40 P1 Oui.

01:59:40 MD Donc, je sais, je veux dire, une chose est qu'aujourd'hui nous nous en sortons très bien. C'est vous et moi, cette stabilité, oui ? Et constante. Ça, pour vous, c'est important que ça arrive…

01:59:56 P1 Oui.

01:59:57 MD …et en même temps…

01:59:59 P1 Oui

02:00:00 MD …aujourd'hui.

[01.00.00]

Fin de la transcription

CHAPITRE 3 Gérer le changement, l'anxiété et la dépression

Exercice chronologique : Une stratégie de gestion du changement

La stratégie suivante a d'abord été publiée sous forme d'article dans *Counselling Directory*, et c'est une stratégie phénoménale à utiliser à tout moment. Je la publie avec un référencement approprié car elle a rencontré un énorme succès avec une moyenne de 250 vues par mois depuis juin 2019.

ʺ La chronologie, un exercice simple ?

Cette stratégie concerne la pensée momentanée d'être bloqué et de se sentir dépassé par un événement ou un sentiment répété de ne pas être entendu dans une situation.

Vous arrive-t-il de ressentir cette impression de déjà-vu, encore et encore, et encore ? C'est un sentiment qui ne peut être décrit que comme un malentendu ou un problème de communication incommensurable et insupportable dans des situations spécifiques. Que faire ? Naturellement, la première tendance serait de revoir la situation et d'appliquer un raisonnement pour résoudre le problème, mais que faire si cela ne fonctionne pas ? Devons-nous rester dans un état d'insatisfaction ? Non, pas nécessairement.

La signification de la chronologie

Au fil des années, en transférant la théorie à la pratique appliquée, un aspect qui marche toujours est le traçage et la signalisation des souvenirs de ce que nous sommes dans des situations similaires.

Imaginez que l'on vous demande de dessiner une carte ou d'écrire un rapport sur tous vos déplacements au cours des 12 derniers mois. Aujourd'hui, Google peut le faire, mais seulement si vous avez un smartphone ou une application capable de relier ce type d'informations. Et si nous étions plus traditionnels, et que nous choisissions plutôt d'écrire une chronologie. Imaginez à quoi cela peut ressembler.

Imaginez-vous en train de tracer une ligne d'est en ouest (ou de gauche à droite) et commencez à y inscrire tous les événements difficiles de votre vie qui vous ont récemment troublé. Lorsque vous avez terminé, essayez d'ajouter tous les autres événements significatifs ou mémorables survenus pendant cette période.

En revenant à ce sentiment de blocage ou d'accablement, vous pouvez revoir la chronologie avec une perspective différente, une vue d'ensemble de vos événements. À quoi tout cela se résume-t-il, ou plus important encore, en quoi cela peut-il se transformer ? Tous ces événements se conjuguent-ils pour donner le sentiment d'être bloqué et submergé, ou y a-t-il quelque chose de sensiblement différent ?

L'une des raisons de poser cette question est de vous permettre de réfléchir aux différents événements et de réévaluer ce sentiment d'accablement sans idée claire de ce qui va suivre. Les chronologies sont un excellent moyen d'y parvenir. Il se peut que vous ne choisissiez que des aspects liés au travail ou que vous traciez des situations similaires qui vous viennent à l'esprit lorsque vous éprouvez des difficultés pour une raison ou une autre.

Les chronologies sont aussi des interprétations, et les significations attachées à des expériences spécifiques dans votre tentative de réexaminer de telles situations peuvent affecter le changement psychologique ou réinterpréter une situation comme une étape transitoire. Les chronologies peuvent aider à déconstruire une expérience stressante et à réintégrer cette expérience dans un spectre plus large d'expériences.

Exercice Chronologique lorsqu'il est élaboré avec votre thérapeute

Pendant les séances de thérapie, les exercices chronologiques peuvent faire émerger des expériences personnelles significatives auxquelles on ne pense pas toujours, ou plutôt, qui ne sont pas au premier plan de notre réflexion. Le questionnement socratique ou l'accompagnement thérapeutique font partie intégrante du processus pour devenir son propre expert. Cet article ne propose pas seulement une simplification de ce processus, il suggère plutôt que, en vous permettant de réfléchir plus largement à vos expériences, le résultat peut être assez significatif.

Il est prouvé que l'un des aspects de notre identité est défini par nos relations avec les autres. Si nous imaginons toutes nos relations comme des cadres photo soigneusement disposés sur les étagères de notre vie - par étapes comme une chronologie - nous pouvons nous imaginer entourés d'une myriade d'images où certaines distinctions sont faites, passées et/ou présentes, notre image continue et se développe au fil du temps. Les relations passées sont amenées dans le futur, tandis que d'autres restent isolées dans le passé.

Inévitablement, il y a un sentiment de croissance tout au long du processus, et pourtant, il y a des moments où l'on peut se sentir perdu dans ses relations avec les autres.

De même, les chronologies peuvent être interprétées comme des tâches permettant d'atteindre des objectifs. Lorsque nous concevons nos objectifs, il est conseillé de les formuler avec positivité et non pas en termes de ce que nous ne devrions pas faire, ou de ce que nous pensons ne pas pouvoir atteindre, **mais de ce que nous pouvons faire**.

La chronologie en tant qu'outil n'est pas une technique nouvelle, et son application n'est pas limitée au conseil et/ou à la psychothérapie, mais c'est un exercice puissant à la fois pour la révision et la planification, permettant une avancée personnalisée - votre chronologie, vos expériences, votre passé et votre présent.

Maintenant, qu'est-ce que vous voyez ensuite ? "

Références

Day, M., 2019. *Timeline a simple exercise?* [en ligne] Counselling-directory.org.uk. Disponible sur : https://www.counselling-directory.org.uk/memberarticles/timeline-a-simple-exercise [consulté le 9 mai 2020].

Illustration de l'exercice chronologique

Ecrire une chronologie : Compétences vitales par *Nouveaux Commencements*

Nom : Date :

1. Dessinez une ligne horizontale de gauche à droite (ou de droite à gauche). Ou une ligne verticale, si vous préférez !

2. Signalez chaque événement difficile dans votre vie qui ont été récemment une source de soucis.

Situation 1 / négative Situation 2 / négative

3. Quand vous avez fini, essayez d'ajouter tous les autres événements significatifs et mémorables qui se sont passés autour de cette période

Situation 1 / examen raté Situation 2 / victoire d'une compétition de dessin au travail Situation 3 / soucis à l'école, au travail Situation 4 / réservation au cinéma avec ...

4. Il se peut que vous ne choisissiez que des aspects liés au travail, à l'école, à la famille, aux relations, au bien-être, etc., ou que vous traciez des situations similaires à celle qui vous vient à l'esprit quand vous avez une difficulté.

5. Revoyez votre chronologie en prenant en compte tous vos événements. Encore plus important, recréez un point de vue équilibré et ajoutez des symboles + et - . Qu'est-ce que ça donne ?

Autre événement : Camping + Projet raté - Un nouveau vélo + organisation de la fête d'anniversaire de mon meilleur ami + Autre événement : rendez-vous avez ... + Bénévolat + Autre événement : examen de fin d'année : - Autre événement : projet de stage +

6. Est-ce que tous ces événements se rejoignent pour expliquer ce sentiment d'être bloqué ? Ou il y a-t-il quelque chose de significativement différent ?

7. Pourquoi faire une chronologie?

- Pour vous permettre d'avoir une réflexion juste sur divers événements et en faire une expérience personnelle.
- Ré-évaluer ce sentiment d'être sous l'eau : déconstruire une expérience stressante et la réintégrer dans une spectre plus large d'expériences.
- Avoir une meilleure idée de ce qui va arriver *après*

8. Pourquoi faire une chronologie?
- Une chronologie peut être construite comme une étape vers un objectif : un exercice puissant pour la réflexion et la prévision, en trouvant sa propre façon d'aller de l'avant : votre chronologie, vos expériences, votre passé, et votre présent.

Maintenant, que voyez-vous pour la *suite* ?

9. Liste de chose à faire, et réserver ces vacances !

Étude de cas et transcription d'une session impliquant à la fois l'exercice chronologique et V.A.L.I.D.A.T.E.

Réécriture et souvenirs en Thérapie Cognitivo-Comportementale (TCC) : Le cas de S dans ma vie

*Déclaration préalable : Le rapport de cas suivant est présenté comme un exemple d'une conceptualisation potentielle de cas - les noms, les événements, les situations n'existent pas et s'il y a des similitudes avec la vie réelle, c'est simplement par hasard. La réécriture des souvenirs dans la TCC fait référence à une intervention complexe dans les cas de traumatisme aigu, de TSPT, d'abus, etc. La comorbidité est un facteur à prendre en compte et en augmentation dans la majorité des cas. Dans le cas suivant, la réécriture étant une intervention, les interventions thérapeutiques et le nombre de sessions auraient mérité d'être étendus. Notre expérience de ce type d'intervention est illustrée par l'exemple de **S dans l'illustration de ma vie** où l'intervention réelle n'est pas détaillée.*

Justification

Le rapport de cas détaille un parcours de séances de thérapie cognitivo-comportementale (TCC), deux séances d'évaluation et huit séances de traitement, vécu par Stephen qui présentait des niveaux élevés d'anxiété et des symptômes dépressifs persistants de dépression modérés à sévères. Le client avait une expérience antérieure d'interventions psychologiques de faible intensité et avait refusé les médicaments antidépresseurs recommandés en raison de ses effets secondaires. L'expérience précédente du client en matière de psychothérapie sur le lieu de travail a eu lieu il y a plus de cinq ans, alors que le client traversait la rupture de son mariage. Lors de l'évaluation, il a été recommandé à Stephen de suivre douze séances de thérapie cognitivo-comportementale (TCC) pour traiter son anxiété. La TCC a démontré son efficacité dans le traitement des troubles anxieux (McManus et al., 2015), et lorsque le premier manuel de traitement de l'anxiété a été élaboré par Beck et al. (1985), l'objectif fondamental était de développer une approche relativement transdiagnostique de l'anxiété, en cherchant à approfondir la compréhension des thèmes et processus communs qui sous-tendent le cœur des différents troubles anxieux (Butler et al., 2010). Les lignes directrices du *National Institute for Care and Excellence (Institut Nationnal pour le Soin et l'Excellence* (NICE, 2014) indiquent que les interventions fondées sur des preuves et les interventions de haute intensité telles que la TCC, peuvent être efficaces dans le traitement des troubles anxieux, et les professionnels de la santé doivent les considérer comme une première ligne de traitement. Le modèle de soins par étapes décrit par NICE, stipule que si une personne ne bénéficie pas de l'intervention initialement proposée, ou refuse une intervention, elle doit se voir proposer une intervention appropriée à l'étape suivante. Dans ce cas, le client s'est vu proposer une thérapie cognitivo-comportementale, ce qui peut être considéré comme une intervention à l'étape 3 du cadre de soins par étapes.

Client et contexte

Stephen est un homme de 32 ans, divorcé, deux enfants et quatre frères et sœurs plus âgés. Sa famille a déménagé au Royaume-Uni lorsque Stephen avait six ans. Stephen occupe son emploi actuel depuis 6 ans et il a récemment repris le travail après une absence de 6 mois.

Problème actuel

À la fin de l'année dernière, il a été diagnostiqué que le client avait des problèmes pulmonaires. Après des examens complémentaires, il a été indiqué qu'il devait subir une intervention chirurgicale. Le client a été opéré il y a presque dix mois. Après l'opération, il a été en arrêt de travail pendant six mois et à son retour au travail, il s'est senti stressé et anxieux. Au cours de l'orientation, Stephen a indiqué qu'il craignait de ne pas être en mesure de faire face aux récents changements dans sa vie et dans son emploi du temps. Stephen craignait de ne pas pouvoir se réadapter à sa vie professionnelle, se sentait de plus en plus anxieux face à diverses tâches au travail et à l'adaptation aux nouveaux changements dans son rôle actuel. Il a été noté que le niveau de pression que les gens peuvent tolérer au travail est une variable idiosyncratique sur un large spectre et ce qu'il faut apprécier et évaluer, c'est la façon dont cette pression affecte la même personne lorsqu'elle est confrontée à d'autres types d'événements stressants dans sa vie (Chambers et al., 2003). Des statistiques récentes sur le stress, l'anxiété et la dépression liés au travail (stress ci-après) en Grande-Bretagne publiées par le Health and Safety Executive (HSE) en 2015 et basées sur les données de l'enquête sur les forces de travail, concluent que les professions et les industries les plus touchées ou rapportant les taux les plus élevés de stress lié au travail restent systématiquement dans les secteurs de la santé et dans les secteurs publics de l'économie (HSE, 2015).

Les deux premières sessions d'évaluation et la conceptualisation du cas

Au cours de l'évaluation, Stephen a convenu qu'il bénéficierait d'une TCC, explorant ses récentes difficultés et le sentiment qu'il ressentait que *"je ne serai pas capable de faire face"*. Stephen s'est adressé à notre service après une recommandation de son service de santé au travail. Il se sentait de mauvaise humeur, anxieux et craignait de ne pas pouvoir gérer sa situation actuelle. Stephen s'exprimait clairement dans son récit, était agréable à vivre et vêtu avec des vêtements confortables. Stephen a été capable de reconnaître ses difficultés actuelles avec un aperçu clair de ses expériences passées et en reconnaissant d'une certaine manière les possibles déclencheurs internes et externes de ses problèmes actuels. En tant qu'enfant, il a toujours eu l'impression d'être différent de ses frères et sœurs, en ce sens qu'il ne comprenait pas ce qu'on attendait de lui dans un cadre éducatif et qu'il évitait de demander des explications supplémentaires de peur de ne pas gêner les autres. Stephen a décrit divers événements de son passé en des termes similaires, par exemple lors d'examens scolaires, d'emplois précédents, de demandes d'emploi et de la rupture de son mariage. Stephen remettait en question sa capacité récente à faire face à la situation en décrivant ses expériences antérieures comme découlant de croyances sur soi, en termes de confiance et d'estime de soi, avec des règles spécifiques et évidentes consistant à abandonner avant même d'essayer et à préférer m'incommoder plutôt que de demander de l'aide aux autres. Au cours de la thérapie, ces règles et croyances sont devenues plus évidentes et ont été intégrées dans les interventions thérapeutiques, par exemple lorsque Stephen a décidé d'arrêter prématurément la thérapie. En termes d'atouts et de forces, Stephen a été en mesure de reconnaître ses forces, à savoir sa détermination à poursuivre son auto-apprentissage, son assiduité, son soutien et sa protection envers ses enfants et sa famille. Stephen est proche de ses frères et sœurs et pendant la thérapie, il les a consultés sur des tâches spécifiques entre les séances et sur des devoirs distincts assignés comme interventions thérapeutiques. Après une introduction au modèle de la TCC, au cadre de travail et à la structure des sessions, un examen collaboratif d'une expérience récente en situation d'anxiété dans le cadre du travail a eu lieu. Stephen s'est senti mis au défi de cartographier les sensations physiques ou les réponses physiques aux cognitions et aux affects associés à des situations déclenchantes spécifiques. Au cours des sessions suivantes, de nombreux aspects de ce type ont été conceptualisés et intégrés dans le cadre de la conceptualisation du cas. De plus, ces aspects ont été explorés à la lumière du récent rétablissement du client après avoir subi une chirurgie de l'estomac et une chirurgie pulmonaire - ses implications potentielles, ainsi que son éducation et son contexte familial. Je pense qu'une évaluation et une collecte d'informations plus approfondie et plus minutieuse au stade de l'évaluation de ma part auraient permis d'intégrer ces aspects plus tôt dans le développement de la conceptualisation du cas.

Déroulement de la thérapie et objectifs du traitement

Au cours des séances d'évaluation et de socialisation sur le modèle de la TCC, le client a dressé une liste d'objectifs basée sur sa liste de problèmes et ses réflexions sur les changements souhaités et attendus de la thérapie. La liste des problèmes comprenait un sentiment d'impasse, de désespoir par rapport à sa carrière et d'inquiétude quant à l'avenir, un manque d'accomplissement et de progrès et une incapacité à faire face aux exigences du travail et aux responsabilités liées à ce rôle. Les objectifs de la thérapie étaient les suivants : être capable de se réadapter au travail, être moins isolé et être équipé de moyens de gérer son anxiété. Objectifs à court terme (1 à 2 semaines) : tâches liées aux nouvelles responsabilités dans l'environnement de travail, mise à jour du profil avec des informations récentes, achèvement des modules d'auto-apprentissage pour les nouvelles demandes d'emploi et candidature à de nouveaux rôles au sein de l'Agence. Les objectifs moyens (4 à 6 semaines) comprenaient le nettoyage de l'espace de travail, la réévaluation de l'apprentissage autonome et la poursuite de la recherche d'emploi. Le tableau 1.1 présente les scores initiaux de deux mesures et, en outre, des informations supplémentaires ont été obtenues à l'aide de questionnaires psychométriques tels que le questionnaire sur la santé des patients (PHQ9 ; Kroenke, 2002), le trouble général de l'anxiété (*General Anxiety Disorder*, GAD7 ; Spitzer et. al.2006), l'inventaire rapide des symptômes dépressifs (*Quick Inventory of Depressive Symptomatology*, QIDS-SR16, Rush et al, 2003) et l'inventaire de Beck sur la dépression (*Beck Depression Inventory*, BDI, Beck et al, 1974). Le PHQ-9 et le GAD-7 sont considérés comme des mesures concises, spécifiques et bien validées pour déterminer, détecter et surveiller la dépression, l'anxiété et la somatisation (Kroenke et. al., 2010)- voir le tableau 1.1 des données d'auto-évaluation.

Tableau 1.1.

Questionnaire Fourchette et indications sur le score d'évaluation : PHQ 9 à la 1ère séance = 13 PHQ 9 à la 6ème session = 10 PHQ 9 à la 10ème session = 1

Principaux scores : Scores de dépression sévère supérieurs à 20 Dépression légère : score supérieur à 14 GAD 7 à la 1ère session = 11 GAD 7 à la 6ème session = 15 GAD 7 à la 10ème session = 3

Scores clés : Scores d'état grave supérieurs à 15 **Inventaire de Beck sur la dépression** Session 5 = 33 Scores entre 1-10 normal ; 11-16 - perturbation modérée légère ; 17-20 - dépression clinique limite ; 21-30 - dépression modérée ; 31-40 - dépression sévère ; plus de 40 - dépression extrême

QIDS-SR16 Session 3 = 6 Le client a estimé qu'il ne pouvait pas s'identifier aux questions du questionnaire. Le score total est compris entre 0 et 27.

Considérations théoriques pour la conceptualisation des cas

Récemment, plusieurs essais de recherche clinique ont tenté d'aborder le traitement des troubles anxieux comorbides, rapportant une amélioration des résultats cliniques dans le traitement du trouble anxieux primaire du patient et une réduction significative des symptômes de la présentation anxieuse secondaire (McManus et al., 2015). Plusieurs autres interventions telles que le protocole de TCC de groupe transdiagnostique et le protocole unifié (Barlow et al., 2004) ont intégré le traitement des troubles de l'humeur ainsi que des troubles anxieux, avec le raisonnement que les deux partagent une pathologie de base. L'étude de Myhr et al. (2007) évaluant l'aptitude à la thérapie cognitivo-comportementale en corrélation avec les items de l'échelle d'évaluation de la thérapie cognitive à court terme (SRS), a révélé que la conscience et la différenciation des émotions, ou la capacité à étiqueter différents états émotionnels et les opérations de sécurité étaient les items de la SRS les plus fortement corrélés avec le résultat. Le modèle de dépression de Beck (1976) est toujours considéré comme un modèle pertinent pour la conceptualisation cognitive de la dépression aux côtés du concept de triade cognitive de Beck et al. (1979) (Ross, 2012).

Beck a soutenu que la triade cognitive est une classification utile pour cartographier les hypothèses dysfonctionnelles que les personnes dépressives entretiennent et que ces hypothèses sont le résultat de schémas et de croyances profondément ancrés qui se révèlent généralement dans la manière dont les personnes entretiennent des visions négatives d'eux-mêmes, de l'avenir et du monde. Ces opinions deviennent biaisées - les biais cognitifs et ces "erreurs de pensée" ont été explorés avec Stephen dès le début de la deuxième session.

Réflexions clés : basées sur des biais de pensée courants tels que la généralisation excessive, l'abstraction sélective, le filtre mental, la réduction du positif, l'agrandissement et la minimisation, la personnalisation. **Moi-même** : *"J'abandonne avant même d'avoir essayé ; je ne serai pas capable de faire face ; je ne demanderai pas d'aide ; je préfère me déranger moi-même plutôt que les autres ; c'est moi"* - auto-culpabilisation et autocritique. **Les autres** : *"Ne me soutiennent pas ; je cède ; les autres sont meilleurs que moi - ils le méritent plus"*. **Futur** : *"Difficile de se remettre en question ! A quoi bon !"* **Interpersonnel** : *"Je ne me sens pas soutenu, mis au défi et ignoré"*.

Souvenirs clés : Ne pas avoir réussi un test de conduite, avoir échoué à plusieurs reprises, un test en ligne pour devenir certifié X et XX parce qu'on pensait qu'il n'était pas suffisamment prêt ; dans un emploi précédent, lors d'une réunion, il n'a pas pu répondre à une question inattendue concernant la consommation d'énergie dans le bâtiment et a éprouvé de la honte, se sentant humilié ; diverses demandes d'emploi n'ont donnée aucun retour sur la façon dont il pouvait postuler à nouveau et ont été ignorées lorsqu'il s'est renseigné à ce sujet.

En discutant d'une variété d'erreurs dans la pensée dépressive des patients, Beck (1991) note que les patients dépressifs ont tendance à prédire des résultats négatifs spécifiques à partir de tâches qu'ils peuvent entreprendre avec l'attente d'un grand nombre de mauvais résultats sur leur vie en général, ces attentes négatives augmentant et renforçant un sentiment accru désespoir. Beck (1991) suggère que pendant un épisode de dépression, il y a un changement cognitif négatif, un changement dans l'organisation cognitive de sorte que la plupart des données positives pertinentes pour l'individu sont filtrées et que les informations négatives pertinentes pour l'individu sont facilement admises/accessibles. Ross (2012) aligne cette ligne de pensée théorique sur la "théorie du désespoir" développée à l'origine par Seligman (1976) et indique un élément de comportementalisme dans lequel les croyances du client "bloquent" ou l'empêchent d'accepter toute récompense pour des comportements positifs et constructifs, ce qui entraîne une démotivation et une perte d'énergie caractéristiques de la dépression. Cela pourrait ensuite être suivi et lié à l'isolement social et à la réduction du potentiel d'obtention de récompenses non seulement de leur propre point de vue mais aussi de leur environnement social immédiat. Une façon de prendre en compte les régularités ou les schémas de pensée négative et d'identifier les sources de renforcement positif est de mettre l'accent, dans la thérapie, sur le rétablissement des activités de renforcement positif ou la programmation d'activités (Lewinsohn, 1974, dans Ross 2012). Le suivi et la programmation des activités intègrent le maintien et le développement des compétences sociales, permettant ainsi au client de rester en contact avec des sources de renforcement positif ; cette approche est connue sous le nom d'activation comportementale (AC).

L'AC a débuté en tant que condition de traitement de la thérapie comportementale dans une étude d'analyse des composantes par Beck et al (1979) pour réengager les personnes déprimées dans leur vie par des stratégies d'activation ciblées. Depuis son utilisation initiale en tant que composante de la thérapie cognitive (Beck et al., 1979), l'AC est devenue un traitement autonome de la dépression (Jacobson et al, 2001).

Développement d'une orientation thérapeutique et suivi des activités - première intervention, trois sessions

Au cours de la deuxième session, nous avons développé une orientation thérapeutique en examinant de près le sentiment d'adaptation de Stephen, un journal des activités et une évaluation quotidienne de l'humeur étant suggérés comme tâches entre les sessions. Un modèle à cinq domaines a été utilisé pour une situation spécifique, démontrant l'interdépendance des pensées, des émotions, des comportements et de l'état physique. Après trois séances, la liste des objectifs a été adaptée aux tâches à accomplir entre les séances en établissant une hiérarchie des activités et en assignant des activités en fonction des objectifs à court terme.

Stephen devait se réengager dans des aspects spécifiques de sa vie liés aux tâches professionnelles et aux modules d'auto-apprentissage, en réajustant son emploi du temps et en surveillant ses activités. Les premières missions d'activation comprenaient l'auto-apprentissage d'un module technique, le téléchargement de données techniques nécessaires à une mise à jour liée à son rôle professionnel et le réengagement sur des sites de rencontres en ligne. Des comportements spécifiques ont également été discutés en tant que cycles d'entretien, comme le fait de faire des heures supplémentaires au cours des premières semaines de retour au travail et de rester tard au travail, le tout accompagné d'une baisse de moral et d'un sentiment d'être coincé sans espoir de progression par rapport à son emploi actuel. Les tâches accomplies ont été évaluées en fonction de l'humeur et il est devenu de plus en plus évident que les tâches accomplies étaient évaluées avec un sentiment d'accomplissement et des sentiments positifs. Lors de la troisième session, Stephen a terminé le QIDSR avec un score faible.

Séances de traitement 4 et 5

La séance 4 a été un peu plus courte, le client étant arrivé en retard en raison d'un changement de salle de thérapie. L'ordre du jour a été fixé sur la révision des devoirs, plus précisément sur la révision des activités assignées au client et sur le passage à la tâche suivante de sa liste. L'inventaire dépressif de Beck a été effectué lors de la cinquième séance, les scores suggérant des symptômes dépressifs légers à sévères. La formulation du cas a été développée en intégrant les croyances du client sur lui-même, les autres et l'avenir, après avoir discuté avec le client des événements passés liés à sa maladie et à sa séparation d'avec sa femme, et de la manière dont ils sont liés à ses croyances. Voir la formulation du cas au tableau 1.2.

Sessions de traitement 6 à 8

Du point de vue de la thérapie cognitive, l'activation est le seul domaine d'intervention thérapeutique qui nécessite une évaluation et une modification dans la dépression (Jacobson et al, 1996), et bien qu'il soit possible de structurer une intervention thérapeutique entière basée sur ces interventions comportementales, Beck et al (1979) ont soutenu que le thérapeute doit poursuivre le traitement dans la phase suivante avec la restructuration cognitive. Il s'agit notamment : a) de remarquer les changements d'humeur au cours des séances de thérapie et de demander quelles pensées accompagnent ou précèdent ces changements ; b) d'utiliser un journal quotidien des pensées dans lequel le client note les situations problématiques et évalue les types de pensées liées à ces événements ; c) de réexaminer les pensées relatives à des situations spécifiques et de déterminer si le client peut attribuer une alternative différente à l'issue de l'événement ; d) d'aider le client à apprendre comment répondre par une attitude plus positive et fonctionnelle aux pensées négatives ; e) examiner les biais d'attribution et les "erreurs de pensée" dans l'interprétation des causes des succès et des échecs du client et f) concevoir et convenir en collaboration de devoirs dans lesquels le client peut évaluer la validité de ses interprétations négatives (Jacobson et al., 1996). Stephen enregistrait les incidents situationnels en mettant l'accent sur la capture et l'identification des pensées automatiques négatives. Sur la base de ces enregistrements et de ce suivi, nous avons pu identifier les constructions négatives de différents événements qui étaient des précipitants/mécanismes spécifiques pour se sentir "mal", sans espoir pour son travail et déprimé. Veuillez consulter le tableau 1.2 pour les résultats des sessions de traitement 5 à 8. En plus de l'évaluation de la validité de l'interprétation par Stephen de diverses situations et des pensées négatives qui s'y rattachent, des analyses de bénéfices de ces situations critiques ont été développées permettant un réexamen des événements et des hypothèses dysfonctionnelles attribuées à cet événement. Stephen a également été encouragé à interroger une liste de personnes sur des expériences similaires, considérées comme des échecs dans des événements spécifiques tels que des réunions importantes et des situations d'entretien. En ce qui concerne l'observation d'un changement d'humeur pendant la thérapie, avant la session 5 du traitement, Stephen m'a informé de sa décision d'arrêter la thérapie. Lorsqu'on l'a invité à explorer son raisonnement, il est apparu que Stephen avait l'impression de rendre la tâche difficile à son équipe de travail en assistant à une séance tôt le matin - une période très chargée dans son département. Après avoir exploré avec Stephen les raisons de cette demande, il a pu poursuivre la thérapie en reportant l'heure de la séance à un moment plus propice et en remettant en question la vieille règle qui consiste à ne pas demander l'aide ou les conseils des autres. Nous avons discuté et convenu d'un autre moment pour les séances - en dehors des heures de travail.

Plan de prévention des rechutes :

Les deux ou trois séances suivantes sont consacrées à la prévention des rechutes et à un examen/résumé des résultats de la thérapie à ce jour. Les scores du PHQ9 et du GAD7 à la session 10 indiquent une réduction des symptômes et les prochaines sessions sont prévues pour évaluer le changement actuel du client dans la triade cognitive avec une analyse et un plan d'action pour des cycles de maintien sains développés pendant les dernières sessions.

Comportemental : Procrastination, réduction des activités/intérêts sociaux/isolement/engagement social, évitement de situations spécifiques et/ou impliquant des collègues et/ou des membres de la famille ; manque d'assurance, travailler des heures supplémentaires ou trop tôt.

Émotions identifiées : Remords/regret, sentiment de découragement, de blocage, de confusion, d'anxiété, de peur, de frustration, de honte.

Pensées/Cognitions : "Mauvais". Rumination, auto-culpabilisation, autocritique et déception de soi, des autres et des situations ; "Si seulement" …. Liées à des événements passés.

Sensations physiques/sensorielles : Tension, manque d'énergie, transpiration, anxiété anticipée, fatigue mentale, épuisement.

Cycle de formulation : Sentiment d'inadéquation associé à un épuisement mental et à une moindre activité qui génère des pensées telles que "Je suis paresseux" qui aggravent encore la mauvaise humeur et conduisent à davantage de fatigue, de mauvaise humeur et de sentiments de honte.

Dépression (Beck) - Tableau de formulation de cas 1.2

Discussion

Dans l'étude présentée, le traitement de l'anxiété comorbide et du trouble de l'humeur a été évalué comme étant une dépression primaire par rapport au trouble de l'anxiété. Le modèle cognitif de Beck pour la dépression a été appliqué et les objectifs thérapeutiques ont été convenus entre le client et le thérapeute. Compte tenu du nombre limité de séances de traitement (8), une grande partie des éléments spécifiques du protocole a été comprimée et peut-être le temps alloué à certains aspects était-il insuffisant - comme une exploration détaillée et approfondie de la compréhension actuelle de Stephen en termes de récupération après une opération et des significations attachées à ses expériences. De même, on aurait pu accorder plus d'attention aux expériences antérieures dans sa vie et les relier de manière adéquate à la nature de la dépression en distinguant les différents types de contenu cognitif spécifique de Stephen. Néanmoins, il existe également plusieurs aspects positifs et éléments d'apprentissage essentiels à la formation d'un thérapeute TCC et à l'application de la théorie TCC. Après une décision d'arrêter la thérapie, Stephen s'est réengagé dans le processus thérapeutique avec une participation active continue dans son traitement, devenant de plus en plus impliqué et curieux de ses schémas cognitifs et des liens avec ses émotions et ses comportements et formant une alliance forte. Tous ces aspects représentent des aspects essentiels de tout cours sur la thérapie TCC.

Références

Beck, A. T., Rush, A. J., Shaw, B. F., & Emery, G. (1979). *Cognitive Therapy of Depression*. New York: Guildford.

Beck, A., T. (1991). "Cognitive Therapy: A 30-Year Retrospective". *American Psychologist*.46 (4): 368-375.

Beck, A. T., Emery, G. & Greenberg, R. L. (2005*). Anxiety Disorders and phobias: A cognitive perspective*. New York: Basic Books.

Butler, G. Fennell, M. & Hackmann, A. (2010). *Cognitive Behavioural Therapy for anxiety disorde*r. New York: Guilford Publications.

Chambers, R., Schwartz, A., & Boath, E. (2003). *Beating Stress in the NHS*. Oxon: Radcliffe Medical Press.

Coles, A. (2003). *Counselling in the workplace*. Maidenhead: Open University Press.

Gillis, M.M., Haaga, D.A. & Ford, G.T. (1995). "Normative values for the Beck Anxiety Inventory, Fear Questionnaire, Penn State Worry Questionnaire, and Social Phobia and Anxiety Inventory". *Psychological Assessment*. 7. Pp. 450 – 455.

HSE (2015). *Work related Stress, Anxiety and Depression Statistics in Great Britain 2015.* London: The Health and Safety Executive. Consulté sur : http://www.hse.gov.uk/statistics/causdis/stress/stress.pdf

Jacobson, N. S., Dobson, K. S., Truax, P. A., Addis, M. E., Koerner, K., Gollan, J. K., & Gortner, E., Prince, S. E., (1996). "A component analysis of Cognitive-Behavioural treatment for |depression". *Journal of Consulting and Clinical Psychology*.64(2): 295-304.

Jacobson, N. S., Martell, C. R., & Dimidjian. S. (2001). "Behavioural activation treatment for depression: Returning to contextual roots". *Clinical psychology*: *Science and Practice*. 3: 255-270.

Kroenke, K., Spitzer, R. L., Janet, B. W., Williams, D.S.W., &Lowe, B. (2010) "The Patient Health Questionnaire, Somatic Anxiety, and Depressive Symptom Scales: a systematic review". *General Hospital Psychiatry*. 32. Pp.345 – 359.

McManus, F., Clark, G., Muse, K., & Shafran, R. (2015). "Case-Series Evaluating a Transdiagnostic Cognitive-Behavioural Treatment for Co-occurring Anxiety Disorders". *Behavioural and Cognitive Psychotherapy*.43. Pp. 744-758.

Myhr, G., Talbot, J., Annable, L., & Pinard, G., (2007). "Suitability for short-term Cognitive–Behavioural Therapy". *Journal of Cognitive Psychotherapy: An International Quarterly*. 21(4). Pp. 334-345.

NICE (2014). Anxiety disorders: Quality Statement 2. Psychological Interventions. London: The National Institute for Health and Care Excellence. Consulté sur : http://www.nice.org.uk/guidance/QS53/chapter/Quality-statement-2-Psychological-interventions#rationale-2

Oversholser, J. C., (2010). "Psychotherapy according to the Socratic Method: Integrating Ancient philosophy with contemporary cognitive therapy". *Journal of Cognitive Psychotherapy an International Quarterly*. 24(4). Pp. 354- 363.

Persons, J. B., & Tompkins, M. A. (2011). "Cognitive Behavioural case formulation". Pp.290 – 319. In T. D. Eells (Ed.). *Handbook of psychotherapy case formulations*. New York: Guildford Press.

Rachman, S. (2011). *Anxiety*. Hove and New York: Psychology Press.

Ross, I. (2012). "Client presenting with first-onset depression". In M. Thomas & M. Drake (Eds.), *Cognitive Behaviour Therapy Case Studies*. London: Sage.

White, J. (2002). *Treating Anxiety and Stress. A Group Psycho-Educational Approach using brief CBT*. Chichester: John Wiley and Sons.

Transcription de la session au cours de laquelle l'exercice chronologique a été utilisé avec des significations spécifiques.

Clés MD : Madalina Day/Psychothérapeute P2 : Patient 2

Code temporel   Clé   Transcription

00:00:01 MD Oui, mm-hmm, oui.

00:00:03 P2 Qu'est-ce que… ?

00:00:03 MD Non, j'ai dit la première fois, et je ne l'ai pas fait.

00:00:06 P2 Oh, ok, désolé, c'est vrai, (conversation qui se chevauche).

00:00:08 MD Parce que vous n'avez pas… vous n'avez pas…

00:00:11 P2 Eh bien, j'ai dit oui.

00:00:12 MD Oui, mais je n'étais pas sûre que c'était **oui**. (rires) Je n'étais pas sûre parce que vous savez, j'ai dit que je n'avais pas, je n'ai pas le formulaire de consentement avec moi…

00:00:22 P2 Oui, oui. Oui, je me souviens de cette partie.

00:00:24 MD Oui, et je voulais aussi que vous me disiez si vous vous sentiez à l'aise ou non, et je n'étais pas sûr - je n'étais pas sûr jusqu'à maintenant.

00:00:29 P2 (conversation qui se chevauche), oui.

00:00:30 MD Donc, pour en revenir à… parce que nous avons besoin de… ce que nous faisons dans les premières minutes de la session ? Ce que nous faisons ?

00:00:39 P2 C'est un ordre du jour, n'est-ce pas ? (rires) Je me disais… et bien, la seule chose que je peux vous dire à propos de l'ordre du jour, c'est ce personnel qui n'est pas ce genre de choses (conversations qui se chevauchent), il suffit de passer.

00:00:48 MD Non, mais c'est intéressant parce que…

00:00:50 P2 Je déteste les ordres du jours, ce n'est pas comme une réunion.

00:00:52 MD Oui, je sais, et je ne veux pas faire ça comme ça, alors comment on appelle ça, une planification ?

00:00:56 P2 Oh, désolé, j'étais sur le point de… je pensais qu'il y avait un accoudoir sur le truc.

00:00:58 MD Oui, ce serait bien s'il y en avait une. Est-ce que vous voulez, (conversation qui se chevauche), vous savez, pouvoir vous appuyer sur cette chaise-là/

00:01:07 P2 Donc, juste au cas où pour….

00:01:07 MD Oui. (rires)

00:01:09 P2 Non, c'est bon.

00:01:10 MD Vous avez dit que vous n'aimez pas les ordres du jour parce qu'ils vous rappellent les réunions et je vous en ai parlé il y a quelques séances (conversation qui se chevauche).

00:01:17 P2 C'est seulement parce que je pouvais penser, vous savez, vous m'avez mis sur la sellette et je pouvais y penser, quand je suis mis sur la sellette, mais comme je vous l'ai dit, comme j'y ai fait allusion plusieurs fois, je reste bloqué, ouais, et puis je me transforme en bouillie, je pense que tout…

00:01:34 MD mais ce n'est pas ce qui se passe ici.

00:01:37 P2 Non, ce n'est pas le cas, parce que je peux parler librement mais maintenant si vous me mettez sur la sellette et que vous me dites quel est l'ordre du jour, maintenant j'y ai pensé, parce que je suis lent, ça m'a pris plusieurs séances, mais je sais que l'ordre du jour sera ceci…, d'accord, mes réponses, et c'est tout ce que je sais.

00:01:52 MD Et quoi d'autre ? Revenons à la semaine dernière. Nous avons revu la formulation, ouais ?

00:01:57 P2 Oui.

00:01:57 MD Et vous avez dit que vous préfériez que cette situation ne soit pas… vous avez vu que les pensées, les émotions, oui, et j'aime la façon dont vous me défiez sur les cognitions, "je ne comprends pas ce terme". (rires) C'était très bien, c'était très bien.

00:02:16 P2 Non, mais cela prouve en tout cas ce que j'ai vécu toute ma vie, parce qu'il ne s'agit pas seulement de me dire - si vous me demandez quelque chose, je dois l'assimiler, et je ne peux absorber qu'une certaine quantité, n'est-ce pas ? Je suis sûr que d'autres personnes sont comme ça, mais je ne peux assimiler que cette quantité, si vous me dites une autre quantité, je ne peux assimiler que cette autre quantité et je suis perdu alors, n'est-ce pas ? C'est une chose.

00:02:42 MD Ok. Alors soyons justes et directs, je vais recommencer, et aujourd'hui je ne veux pas… je ne veux pas recommencer aujourd'hui non plus…

00:02:56 P2 Eh bien, c'est un plan, n'est-ce pas, la planification de l'action. Mais le mot est général mais, vous savez, un plan d'action est tout plan d'action - c'est…

00:03:05 MD Bon, je ne vais pas continuer avec ça.

00:03:06 P2 Deux mots. C'est juste un horaire, n'est-ce pas ? C'est un horaire.

00:03:12 MD Ok, donc, on enlève ça.

00:03:14 P2 Le mot utilisé n'a pas d'importance. (pause) Au moins, je peux à nouveau épeler, le programme, je peux à peu près l'épeler, mais oui, le plan d'action est trop difficile à écrire.

00:03:25 MD Non, c'est bon. Ok, horaire et plan d'action, ok ?

00:03:31 P2 Eh bien, **probablement pour un**, mais d'accord.

00:03:35 MD Est-ce que c'est mieux ?

00:03:37 P2 C'est légèrement différent du plan d'action.

00:03:38 MD Oui, le plan d'action, les points de discussion.

00:03:42 P2 Oui, c'est [inaudible 00:03:43], n'est-ce pas ?

00:03:44 MD Des choses auxquelles il faut penser.

00:03:46 P2 Oui, oui.

00:03:47 MD Ok, donc c'est la définition. (rires) Ok, donc ce n'est plus un ordre du jour. Maintenant, le premier point dont nous pourrions nous occuper, quel serait-il ?

00:03:58 P2 Que nous planifions ce genre de choses. Je sais que vous avez mis un commentaire que j'aurais pu imprimer, mais je n'ai pas imprimé votre commentaire, j'ai juste imprimé mon travail, vous savez, mes tâches.

00:04:09 MD Oui, mais j'ai beaucoup de commentaires à ce sujet parce que c'était... je ne voulais pas le gâcher par e-mail.

00:04:15 P2 Oui, je déteste les emails.

00:04:17 MD Je savais... je ne sais pas mais je... je savais que je viendrais vous voir.

00:04:20 P2 Ouais.

00:04:20 MD Ouais. Donc, tâches et réponses, oui ? La façon dont vous avez en quelque sorte complété la formulation, oui ? Vous avez développé la formulation ?

00:04:32 P2 Non, parce que j'ai vraiment... parce que mon champ de mémoire est si petit pour ce point, la question est, le fait que lorsque vous avez dit que je ne pouvais pas comprendre s'il y avait... s'il y avait une obsession à cela, vous savez, dans ma tête j'ai pensé, "Oh, a-t-elle dit qu'elle sera capable de [inaudible 00:04:51] ou quelque chose ?". C'est pour ça que je vous ai demandé de parler de ce truc.

Maintenant, en prenant ça en compte, d'accord ? Le fait que je n'arrivais pas à comprendre ce que je devais faire pour ce truc alors j'ai regardé sur Google.

00:05:02 MD Non, vous avez très bien fait, (conversation qui se chevauche)-

00:05:03 P2 J'ai cherché sur Google ce qui était nécessaire, ouais, pas les réponses, vous savez, il y avait des réponses en ligne mais j'avais besoin de comprendre, et même là, ça se heurte, je pense que c'était comme une émotion et, ouais.

00:05:16 MD Mm-hmm. (pause) Je l'ai ici.

00:05:21 P2 Oui, je l'ai ici moi aussi, c'est le...oui, parce que si on va sur Google, de ce qui sort, le comportement est le même que...eh bien, l'émotion est l'humeur, n'est-ce pas, l'humeur-

00:05:38 MD Oui, mm-hmm, très bien, ouais.

00:05:39 P2 Oui, il y a trois mots qu'on peut utiliser, deux autres mots, autres que l'émotion. Comportement, voici autre mot qu'on peut utiliser, et ce que j'ai fait, c'est que j'ai imprimé le tableau et ensuite j'ai écrit sur le tableau les mots alternatifs que je saurais comment utiliser, ce que ça signifie, ouais, donc j'étais [inaudible 00:06:02] dans mon esprit. Mais même quand j'écrivais ça, je mettais... j'ai revu ça deux fois pour être sûre d'avoir bien compris.

00:06:11 MD Mais comment faire le lien entre la dernière session, qu'est-ce qui vous est resté de la dernière session ?

00:06:21 P2 Tout ce dont je me souviens, c'est que... vers la fin, vous avez obtenu ce diagramme, puis vous l'avez refait, je crois, et vous avez ajouté les avantages et les inconvénients à la fin.

00:06:36 MD Nous avons donc fait l'analyse des avantages.

00:06:38 P2 Parce que vous saviez que j'allais en quelque sorte avoir... des difficultés ou avoir des difficultés avec ça, donc, mais, ouais, j'aurais été d'accord avec juste le pour et le contre, ouais, [inaudible 00:06:48], ouais.

00:06:50 MD Vous avez apprécié les avantages et les inconvénients ?

00:06:53 P2 Oh, oui, j'ai apprécié les avantages et les inconvénients parce que cela aurait été beaucoup plus facile pour moi, oui, parce qu'il y a un problème, quel est l'avantage pour moi, le désavantage pour moi de continuer ça, et faire ça, penser à ça, s'il y a un avantage, quel est l'avantage ? Ouais. Comme je l'ai dit, j'ai fait les deux. Ouais.

00:07:16 MD Donc, un problème, [inaudible 00:07:16]-

00:07:17 P2 Mais c'était dur, c'était dur.

00:07:19 MD Mais vous vous débrouillez très, très, très bien.

00:07:22 P2 Je sais mais c'était… je vous dis que ça a pris beaucoup de temps.

00:07:25 MD Qu'est-ce qui était difficile ?

00:07:26 P2 Eh bien, la première chose était de trouver le chemin à prendre, une fois que j'ai compris ça dans ma tête, je me suis dit "Oui, c'est ça, oui", et comme je l'ai dit, j'ai fait le tableau et à partir de la feuille imprimée, j'ai fait le… pour les comportements j'ai mis l'autre mot alternatif, pour l'humeur c'était émotions et quelque chose, vous savez, action quelque chose, vous savez, (conversation qui se chevauche), oui. Donc j'ai écrit ça, pour savoir dans ma tête, quand je trouverais quelque chose, je le mettrais où ça s'insère.

00:08:00 MD Est-ce que vous avez trouvé des difficultés pour le comportement ? Qu'est-ce que vous avez fait ? Comment avez-vous réagi ? Quel genre d'actions avez-vous… ?

00:08:10 P2 Ouais. Donc, quand vous le dîtes comme ça, oui, alors je peux trouver des réponses, mais selon ce que je trouve, tout dépend si c'est concis ou si c'est gris, car si c'est gris, ça peut entrer dans deux des autres catégories, si vous voyez ce que je veux dire, oui, ça peut entrer dans plus d'une catégorie, et donc ce n'est pas bon, donc je dois être concis dans ma pensée. Ouais, c'était le plus dur, essayer d'être sûr.

00:08:39 MD Donc, en faisant le lien avec la semaine dernière, une façon de regarder la situation, de décider à nouveau de l'analyse des avantages et des inconvénients, et se comporter d'une certaine manière, et comment on peut relier ça aux objectifs de la thérapie, à ce qu'on veut atteindre ?

00:08:58 P2 **J'ai tous les inconvénients, alors…**

00:09:01 MD Mais vous voulez un nouveau travail ?

00:09:02 P2 Oh, oui, désolé. Alors voilà, vous voyez, en fait je ne m'en souviens pas. J'aurais dû m'en souvenir parce que ça aurait dû être quelque chose de clair dans ma tête, mais toute ma vie - et c'est l'expérience que j'ai toujours eue en grandissant et dans ma vie d'adulte, et c'est comme la peur, vous savez ?

00:09:27 MD **C'est quoi cette peur ?**

00:09:28 P2 **La peur parce que je ne sois pas capable de faire face à la situation.** La situation, c'est que vous me posiez une question et que je ne puisse pas… J'essaie d'assimiler ce que vous me demandez, ce que cela signifie, et ensuite de trouver des réponses.

00:09:41 MD Vous craignez donc de **mal comprendre** ce que l'on attend de vous ?

00:09:46 P2 Oui, un **véritable malentendu**. Je pense que le mot **malentendu** est plus approprié, oui. C'est juste que… si je me souviens bien, je donne un exemple où je suis dans une réunion et tout d'un coup, la personne qui… la personne, le manager me pose une question, j'étais en fait perplexe, je suppose que c'était il y a environ XXCC ans maintenant, je devine maintenant, je ne pouvais pas me rappeler quelle était la question, n'est-ce pas ? Donc j'avais oublié ce qu'était la question, et je ne pouvais pas interpréter ce qu'était la question, si tant que je me souvienne de la question, donc j'étais perplexe.

00:10:17 MD Ok, ça fait combien d'années ?

00:10:19 P2 C'était il y a environ XXCC ans.

00:10:20 MD XXCC ans ?

132 00:10:23 P2 Oui, parce que j'ai été au NBV pendant CC ans, oui, c'était vers… vers HHGF, parce que je savais dans quel département j'étais.

00:10:32 MD BBBVV, XXXCC ans, oui ?

00:10:32 P2 Oui, oui. Donc, je n'avais pas … cet âge.

00:10:35 MD Donc JH il y a des années, oui ?

00:10:37 P2 Ouais.

00:10:38 MD Ok, donc il y a JH ans. Maintenant, combien de réunions avez-vous eues en JH ans ?

00:10:47 P2 Dans NBV, j'ai participé à combien de réunions ?

00:10:49 MD Non, toutes.

00:10:49 P2 Oui, mais dans ce nouveau travail, heureusement, je n'ai pas besoin d'avoir mon mot à dire. Je me contente d'écouter et si je pose des questions…

00:10:59 MD Oui, mais à combien de réunions avez-vous participé ?

00:11:04 P2 Oh, mon Dieu. J'ai facilement participé à environ CC réunions.

00:11:10 MD CC, quoi, en moins d'an ?

00:11:13 P2 Oui, oui, oui.

00:11:15 MD CC réunions ?

00:11:15 P2 Mm-hmm.

00:11:16 MD Mm-hmm.

00:11:21 P2 Les réunions auxquelles j'ai dû participer.

00:11:24 MD Dans lesquelles vous avez dû vous impliquer, mm-hmm.

00:11:24 P2 Oui, oui. Les autres, je ne faisais qu'écouter.

00:11:27 MD Et dans l'ensemble ?

00:11:28 P2 Il n'y a pas vraiment de plan d'action, c'est juste qu'ils nous ont dit quel était le statut de quelque chose, ouais.

00:11:32 MD Oui, donc vous participez à ces réunions, CC, et dans l'ensemble combien de réunions diriez-vous que vous avez participé au cours des dernières années C, CC.

00:11:44 P2 Pendant les Y dernières années ? Oh, CC...

00:11:45 MD CC

00:11:47 P2 Oui, à propos de CC, n'est-ce pas, je parlais de ces réunions où j'ai dû m'impliquer, je n'ai pas... heureusement, je ne les ai pas présidées, mais j'ai dû être présent et écouter...

00:11:58 MD Et dans combien parmi les CC avez-vous l'impression d'avoir échoué d'une manière ou d'une autre ?

00:12:05 P2 Je pense que la majorité d'entre elles seraient - je ne sais pas, je ne peux pas mettre un doigt dessus, un chiffre, mais je dirais un bon - disons, ok, disons environ ¼, 25%, je suppose, je devine purement, donc environ K ou K+1.

00:12:21 MD Donc K ou K+1 (conversation qui se chevauche) ?

00:12:22 P2 Oui, parce que celles-là sont... les techniques, je peux m'en occuper, les techniques, mais elles sont techniques, mais celles-là n'étaient pas techniques, celles dont je parle.

00:12:35 MD Donc K ou K+1 difficile, sous-performant, est-ce que c'est le sens de... ?

00:12:40 P2 Oui, je l'aurais pensé.

00:12:41 MD C'est vrai ? D'accord. Sur XXCC ? Donc 25% sur 100%.

00:12:43 P2 Mm-hmm.

00:12:43 MD Ouais ? Et quel est le pourcentage de ça ?

00:12:46 P2 C'est environ 25 %, n'est-ce pas, si c'est XX. Mais c'est la peur d'avoir... d'être dans cette situation.

00:13:00 MD Ok. C'est une erreur humaine ?

00:13:01 P2 C'est une erreur humaine.

00:13:03 MD Ah oui ?

00:13:03 P2 Ouais.

00:13:04 MD Ok.

00:13:04 P2 Mais, oui, l'erreur humaine, mais dans le [inaudible 00:13:08], être capable d'y faire face, que ça puisse légèrement empirer.

00:13:11 MD Mais est-ce que vous pensez que tout- je veux dire, est-ce que vous-

00:13:12 P2 Pas tous, non.

00:13:13 MD Pensez-vous que toutes ces personnes que vous voyez s'en sortir, au moment où vous vous sentez le moins susceptible de vous en sortir, pensez-vous qu'en fin de compte, elles peuvent s'en sortir avec absolument toutes leurs réunions ?

00:13:29 P2 Les gens avec qui j'ai travaillé sont bons - la majorité d'entre eux, oui, je pense que seulement un ou deux seraient... ne seraient pas capables de faire face, mais il y a un certain niveau d'adaptation, oui.

00:13:43 MD Ok. Pourquoi ne pas créer ça comme devoir à la maison ? Pourquoi ne pas demander à quelqu'un que vous percevez comme étant absolument parfait en termes de performance et de capacité à... et lui demander s'il a participé au type de réunions que vous suggérez ou à quelque chose de similaire dans sa vie professionnelle, et s'il se sent confiant à 100% de son temps de présence... si oui ou non il a trouvé l'une des réunions difficile de quelque manière que ce soit ou s'il peut se rappeler à un moment donné où il a trouvé la réunion difficile dans sa vie, ou s'il a dit quelque chose ou fait quelque chose qui, plus tard, avec le recul, il a pensé que cela pourrait être...

00:14:29 P2 Trouver quelqu'un va être difficile.

00:14:32 MD Hm ?

00:14:32 P2 Trouver quelqu'un va être difficile.

00:14:34 MD Qu'est-ce que vous voulez dire ? Vous venez de me dire qu'il y a beaucoup de gens qui y travaillent.

00:14:39 P2 Oui, mais c'est, oui, mais je parle de la majorité de ces réunions qui ont eu lieu quand j'étais à NCT. Le poste que j'occupe maintenant ne s'attend pas à ce que je... Je laisse les managers s'en occuper. Ouais, donc ils ne nous demandent même pas, c'est le principal grief que j'ai, c'est qu'ils ne demandent pas notre aide sur les problèmes avant de décider quelque chose, ils se contentent de le lancer et d'espérer le meilleur. Et c'est seulement après, comme pour la plupart des choses, qu'ils apprennent, oh, ils auraient dû se renseigner, ouais, donc, ouais, donc [inaudible 00:15:15].

00:15:16 MD Alors, on peut faire ça ?

00:15:18 P2 Oui, je vais essayer.

00:15:20 MD Qu'est-ce que vous en pensez ?

00:15:21 P2 Ça va être assez difficile parce que je dois trouver quelqu'un, sérieusement.

00:15:26 MD Mais vous avez des amis, vous avez des amis ici.

00:15:28 P2 Oui, enfin, des amis ici, mais ils ne sont pas obligés d'aller aux réunions. Je peux demander à une personne que je connais bien, il a changé de rôle, je peux lui poser des questions sur sa vie antérieure parce qu'il était... il est ici depuis moins longtemps que moi, donc il était... je pense qu'il a travaillé pour le GGG ou quelque chose comme ça, donc je peux lui poser des questions à ce sujet, oui, et je peux demander à sa petite amie, oui.

00:15:55 MD Et quelqu'un d'autre ?

00:15:59 P2 Eh bien, je peux demander à mon JJ et à mon JY.

00:16:01 MD Ouais. N'importe qui. Que pensez-vous des sortes de...

00:16:05 P2 Mais je pense... alors ce sera très intéressant, je suis presque certain que mon JJ...

00:16:10 MD Comment pensez-vous qu'ils vont réagir ?

00:16:11 P2 Non, parce que je pense que... ouais, tout dépend du nombre de personnes dont on parle, n'est-ce pas, dans une réunion, dans le métier de JJ... non, je vais certainement demander à JJ parce que je sais qu'une partie du travail de JJ consistait à parler à d'autres personnes dans différents pays, ouais.

00:16:29 MD Ce serait donc très intéressant.

00:16:31 P2 Oui, ce serait très intéressant de le découvrir.

00:16:33 MD D'accord. Donc, quand vous prenez note de cela, alors...

00:16:36 P2 Si je prends un morceau de papier, ouais, est-ce que je peux avoir un morceau de papier, alors, ouais, ouais.

00:16:42 MD Alors, qu'est-ce que vous en pensez ?

00:16:45 P2 Non, c'est bon, c'est bon. Maintenant que j'ai trouvé à qui demander, je me sens plus léger...

00:16:53 MD Dans quel sens ?

00:16:54 P2 Parce que, non, je connais ces gens, oui, et l'un d'entre eux, mon JJ, c'est sûr, comme JJ a eu une promotion récemment, je ne suis pas sûr que JJ soit à la tête de l'entreprise ou que JJ soit effectivement à la tête de l'entreprise, [Inaudible] je préférerais mon JY de toute façon.

00:17:18 MD On dirait que vous commencez à trouver cela de plus en plus amusant et intéressant.

00:17:24 P2 Non, je veux juste, je veux dire, je suis juste... je ne savais pas ce que c'était...

00:17:27 MD Montrez-moi, montrez à qui vous allez demander, et combien.

00:17:29 P2 Maintenant, c'est un, deux, c'est la famille, il y a quelqu'un sur-

00:17:33 MD Vos amis, oui ?

00:17:34 P2 Je peux demander à MM, mon *hngj*. Oui. Parce que si quelqu'un doit avoir des problèmes, je pense que c'est MM.

00:17:46 MD Et au travail, demander à quelqu'un au travail ?

00:17:48 P2 Oui, c'est là où je veux en venir, HS, d'accord, ça fait quatre. Oui, parce que la plupart des gens ici ne vont pas aux réunions, si vous voyez ce que je veux dire, les bonnes réunions, ce que je pensais être les bonnes réunions.

00:18:06 MD Oui, eh bien, peut-être dans le passé, ou...

00:18:08 P2 Oui, oui, certainement ce HS, il a travaillé dans une autre entreprise, c'est tout pour le moment. [inaudible]

00:18:18 MD C'est vrai ? Ok. Alors pourquoi pensez-vous que je suggère cela ?

00:18:24 P2 Je pense que vous voulez simplement voir le fait qu'avec un peu de chance, ils vont me dire que, non, ils n'ont pas... dans toutes leurs réunions, ils ont lutté.

00:18:34 MD Non, je ne veux pas ça, je veux juste...

00:18:36 P2 Et c'est ce que j'espère, j'espère qu'ils vont me dire ça.

00:18:38 MD Non, d'accord alors, c'est ce que vous espérez, qu'ils vont dire ça ?

00:18:42 P2 Oui, non, mais je les connais (conversation qui se chevauche).

00:18:43 MD Tout le monde a eu une expérience malheureuse d'être dans une réunion ou de dire la mauvaise chose à un moment donné ?

00:18:48 P2 Oui, oui, oui.

00:18:49 MD Alors quand vous pensez à ça, vous... Qu'est-ce que ça fait, ça signifie pour votre expérience ?

00:18:56 P2 Eh bien, dans ma tête, s'ils se débattaient, cela signifierait que je... je me débattais, c'est **normal**.

00:19:08 MD Bien. Et qu'est-ce que ça dit sur le fait que vous **essayez des choses** et que vous n'**évitez pas des choses**, ou que vous n'êtes pas tout à fait... *en train d'essayer dans certaines situations en termes de réunions ou de vous mettre **en avant*** ou de parler ou de céder ou dans n'importe laquelle de ces situations, c'est écrit ici : *"plancher... porte ....arrangement... pour la disposition des sièges, c'est la question pourquoi il faut s'asseoir, quelle sera la disposition finale des sièges, où vais-je m'asseoir et vais-je perdre ou gagner, oui ?"* **confusion, colère**, interactions ...... ***MD entrain des lire les notes du client***

00:19:43 P2 Mm-hmm.

00:19:47 MD [inaudible 00:19:47] "mon équipe, *c'est reparti, je suis inquiet de savoir comment le nouveau plan de table va m'affecter*, dans votre environnement [inaudible 00:19:54] *l'interaction avec les autres, leur comportement, juste pour accepter la défaite, vaincu* ?

00:20:02 P2 Oui, c'est ça.

00:20:03 MD Sur le comportement, et (conversation qui se chevauche)-

00:20:06 P2 (Conversation qui se chevauchent) en imprimé, je l'ai imprimé, n'est-ce pas ?

00:20:08 MD J'ai vos notes. C'est celui que nous avons fait avant ?

00:20:12 P2 Oui, oui, oui. C'est dans le mauvais ordre, comme je l'ai dit, parce que j'ai pris les plus faciles en premier et j'ai laissé les plus difficiles en dernier, donc, oui, ce sont exactement les mêmes. Oui, ce sont les mêmes. En fait, j'ai inclus l'original en haut avant de m'attaquer à la décomposition.

00:20:35 MD Oui. (pause) Oui, parce que je me souviens de ça.

00:20:43 P2 Oui, et puis les trois étaient là, c'est parce qu'ils sont dans le mauvais ordre.

00:20:46 MD On a parlé desquels quand… ? (Pause) Parce que maintenant vous avez ajouté la perte initiale d'énergie, maintenant vous en avez ajouté beaucoup sur… Le physique, le corps ?

00:21:02 P2 Sur lequel ?

00:21:03 MD Sur toutes.

00:21:04 P2 Ouais, ouais, ouais, parce que c'est ce que vous avez ajouté sur le tableau, mais ensuite vous l'avez en quelque sorte enlevé si je me souviens bien, donc, mais je l'ai inclus.

00:21:14 MD Bien. Pourquoi penses-tu que je dis "bien" ?

00:21:25 P2 Parce que ça faisait partie de moi en fait, ça fait partie de la formulation.

00:21:28 MD Oui, c'est vrai.

00:21:30 P2 Mais parce que la semaine dernière, comme j'avais du mal à le faire, je pense que vous vous étiez dit : faisons juste les trois et ensuite vous pourrez oublier l'avant-plan, la partie physique [inaudible 00:21:40].

00:21:42 MD Oui, c'est vrai, et je pense que vous avez trouvé très difficile d'accepter qu'il y ait un élément lié à ce que vous ressentez, n'est-ce pas ? Et peut-être que j'essayais de vous demander s'il y avait des différences en termes de rythme de sommeil ou autre, mais il n'y en a pas.

00:22:02 P2 Mais il n'y en a pas, ça ne veut pas dire… dans mon cas.

00:22:02 MD L'énergie, oui, c'est ça.

00:22:10 P2 Je me souviens que vous m'aviez posé une question sur le sommeil la semaine dernière, sur le fait d'aller au lit ou quelque chose comme ça, et je n'y ai jamais pensé de ma vie parce que je l'ai oublié aussi, j'ai dû y penser mais j'ai oublié quand je me suis couché. Aujourd'hui encore, je me disais que mentalement, je ne suis pas fatigué physiquement, oui, mais mentalement, j'étais vraiment fatigué pendant la journée, oui, parce que… mais ensuite ça s'est amélioré, oui, mais c'était mentalement, pas physiquement, oui. Maintenant, pour moi, dormir c'est juste, c'est juste ce que tout le monde essaie de faire et il y a un point limite dans la journée où vous devez… et vous finissez et ensuite vous allez vous coucher. Maintenant, il y a des occasions, de nombreuses occasions, où j'ai vraiment aimé, vous savez, j'ai aimé aller dormir parce que c'était la seule chose à faire, pour se calmer et quoi que ce soit, pas se calmer, mais, vous savez, se détendre en quelque sorte parce que c'est une façon de se détendre, c'est de dormir, pour moi en tout cas parce que j'oublie tout le reste. C'est pour ça que j'attends avec impatience le samedi et le dimanche… enfin, le vendredi, c'est…

00:23:34 MD Alors vous partez la semaine prochaine ?

00:23:36 P2 Je suis absent. Je prends juste un peu de temps pour moi. Oui. Je viens jusqu'à… samedi, tôt samedi.

00:23:53 MD Mm-hmm.

00:23:56 P2 Ouais.

00:25:05 MD [Identifiant] conversation supprimée

00:25:07 P2 [inaudible 00:25:22 [Identificateur] -transcription supprimée

00:26:11 MD Ouais. Donc vous partez avec ff et dd.

00:26:16 P2 Oui, parce que l'autre est à KG , mais mon XX

00:26:20 MD Qui est à KG ?

00:26:21 P2 Mon UO

00:26:23 MD A KG ?

00:26:23 P2 Oui, mais UO vient de faire deux semaines, à la fin de cette semaine, il lui restera une semaine. Oui, donc UO va manquer cette réunion de famille.

00:26:34 MD C'est une réunion de famille.

00:26:35 S2 Oui, c'est pour la, je dois bien comprendre, c'est mon …………. **[Identificateur] transcription enlevée -** je ne suis pas sûr de ce qu'il y a dans l'arbre généalogique mais je suis toujours confus avec cette famille parce que c'est une énorme famille, en tout. Ouais. ………….. **[Identificateur]** Ouais, non, je n'ai jamais pensé à ces choses, mais, ouais, nous allons voir ça- parce que c'est un voyage hôtel…………**[Identificateur] transcript supprimé** s'il sera à l'aise ou non, je ne sais pas.

00:27:56 MD Vous voulez dire le XXX de vous ?

00:27:58 P2 XXXX, GGG (conversation qui se chevauche).

00:27:59 MD XXXX, avec l'UO , mm-hmm.

00:28:00 P2 Oui, parce que ça serait …….. Transcription supprimée [Identificateur]

00:28:19 MD Que pensez-vous de ce voyage ?

00:28:21 P2 Comment je trouve le voyage, le voyage est bien, j'ai fait le voyage plusieurs fois ……a différent…

00:28:28 MD Non, je parle de votre accompagnement LK (conversation qui se chevauche).

00:28:31 P2 Oh, non, c'est bon, non. Donc, c'est ce que... c'est ce que mes amis ne réalisent pas, ouais, ils pensent que je devrais me ruiner... .... **Transcription supprimée [Identificateur]**, mais, non, je n'ai pas l'impression que c'est le cas parce que chaque fois que... parce qu'ils disent pourquoi tu n'as pas... un, je ne peux pas ..., de toute façon, deux, je ne me sens pas si mal. Tant que je n'ai pas à y penser, si j'y pensais, je serais plus déprimé, oui. Mais tant que je n'ai pas à y penser, je suis bien dans ce petit ... ou peu importe où il est, et je me coupe du reste du monde, et je peux le faire heureusement. Je sais de quoi mes amis parlent parce qu'ils ne pourront pas supporter ... **Transcription supprimée [Identificateur]**, ...

00:29:50 MD ..., et vous pensez que cela ne vous affectera en aucune façon ?

00:29:57 P2 Non, je ne... non, cela ne m'affectera pas... **Transcription supprimée [Identificateur]**, ... Je n'y pense pas de cette façon, heureusement, vous savez.

00:31:04 MD Faisons ça comme devoir, d'accord ? Et puis on revient à une situation. Donc vous avez dit ...donc l'émotion, on doit jouer juste indépendamment de l'ouverture en place, on doit se contenter de la perte initiale...

00:31:24 P2 Oui, c'est un truc psychologique, parce que ...- si je devais jouer contre vous dans n'importe quel match, ..., ce [inaudible 00:31:31] ... où je ne joue pas de mon mieux, c'est que vous pensez que je vais analyser comment vous jouez et ensuite je vais chercher la victoire, peu importe ce que c'est, mais vous allez gagner - ... finalement j'espère gagner le match. Oui, mais au départ, soit parce que je ne vous connais pas, et que je n'ai jamais joué contre vous, vous avez l'avantage, et ça a toujours été le cas, je ne... ne me demande pas pourquoi.

00:32:06 MD Donc vous allez me laisser gagner ?

00:32:09 P2 Non, ce n'est pas que je vous permette délibérément de gagner, c'est juste que je n'essaierai pas de vous battre à 100%. Ne me demandez pas ce que c'est, si ce que je viens de dire est correct.

00:32:22 MD Oui, je comprends ce que vous voulez dire parce que vous avez dit... Oui, donc, en gros, vous allez permettre ce départ initial, et ensuite vous allez prendre...

00:32:28 P2 C'est comme... vous au début.

00:32:30 MD Mm-hmm, c'est une stratégie.

00:32:32 P2 Ouais.

00:32:35 MD Et si votre stratégie vous permettait de découvrir que je suis vraiment bonne à ce jeu, et que même si vous essayiez très fort, vous ne pourriez pas me battre ?

00:32:45 P2 Non, je pense à ça plus tard, oui.

00:32:49 MD Mais au départ, vous allez juste essayer d'évaluer comment je vais réagir.

00:32:54 P2 Je veux dire, non, et je ne… je ne sais pas si c'est… je veux dire, …, ce n'est pas comme… ce n'est pas parce que c'est un nouveau jeu et que je ne connais pas les règles, et donc je vais perdre une ou deux choses parce que je n'ai pas compris comment jouer correctement, oui. La plupart du temps, ça n'a rien à voir avec ça, oui. Je me souviens d'une fois, ouais, c'était le cas, mais ça n'avait rien à voir avec ça, c'est parce que je ne pouvais pas gagner jusqu'à ce que je comprenne comment jouer au jeu, ouais. Ouais. …, d'accord, donc normalement je donne à la plupart des gens un… de n'importe quoi. Je veux dire, … Dans mon école secondaire qui était comme nivelée par le bas, c'était une école mixte. Les garçons n'avaient pas le choix, donc je n'ai jamais joué… La seule fois où j'ai joué, c'était en ayant un local… mais le fait que HH ait lutté un peu, le fait que HH sache comment jouer au jeu et qu'elle joue régulièrement, HH est censé être bonne à ça, ouais ? Et je n'en ai pas la moindre idée. Je sais comment… donc, je peux donner à n'importe qui un bon jeu de n'importe quoi, sauf … bdf

00:34:37 MD Qu'est-ce qui se passe sur BDF ?

00:34:38 P2 Je ne peux pas bdf. Je ne peux pas bdf du tout.

00:34:42 MD Vous avez essayé ?

00:34:43 P2 J'ai essayé, oui, j'ai essayé, croyez-moi, j'ai essayé… Ouais, pas ce…je ne supporte pas ce, comment vous l'appelez, truc de groupe, ça n'a jamais marché pour moi. Ouais. Mais le plus drôle, c'est que je ne peux toujours pas bdf…

00:35:20 MD Et vous aimeriez le faire ?

00:35:22 P2 Hein ?

00:35:23 MD Vous aimeriez ?

00:35:23 P2 Eh bien, parce que je pensais que le bdf était censé être bon pour la santé, vous savez, pour l'exercice, pour le cardio et tout le reste, et puis je peux faire du bdf aussi… **Transcription supprimée [Identificateur]**.

00:35:56 MD Mm-hmm, alors **peut-être** ?

00:36:00 P2 Oui, mais… Transcription supprimée [Identificateur].

00:36:11 MD Pour leur parler à nouveau.

00:36:12 P2 Mhmhh

00:36:30 MD Pour en revenir à la formulation, d'après ce que vous disiez, vous dites que vous avez... Je vois maintenant que vous avez ajouté les avantages et les inconvénients de toutes les situations.

00:36:42 P2 Oui, parce que vous m'avez dit à la fin, ça se finit seulement dans la dernière mais vous avez ajouté X parce que je pense que vous aviez compris que j'allais avoir du mal avec ça, oui, donc vous m'avez facilité la tâche.

00:36:51 MD Mais vous avez très bien fait.

00:36:53 P2 Oui, seulement parce que j'y ai mis beaucoup d'efforts. (Rires) J'étais vraiment bloqué, croyez-moi, je suis resté bloqué pendant des jours, et puis j'avais des problèmes de temps parce que je devais faire d'autres choses, je ne pouvais pas consacrer mon temps à ça.

00:37:08 MD Mais vous voyez à quel point vous vous êtes identifié ? Donc dans la situation, la récente demande d'emploi de OOOO interview, ouais ? Vous voyez ça ? Vous évitez l'effort rapide et la déception. Eh bien, c'est ce que vous pensiez, n'est-ce pas, c'est ce que vous vous attendiez à ce qui allait arriver. Parce que vous n'avez pas de preuve, pas d'autre preuve que ça.

00:37:31 P2 Oui, je sais, oui.

00:37:32 MD Oui, alors...

00:37:33 P2 Mais je sais que si je postule pour le prochain emploi, quel qu'il soit, oui, j'aurais besoin de faire... dans mon esprit, j'aurais... je ne peux pas simplement aller... je veux en quelque sorte postuler, oui, et puis le lendemain, si je soumets la candidature et qu'ils vont me faire passer un entretien, je ne peux pas simplement m'asseoir et supposer que, "Oh, oui, quoi qu'ils me balancent dessus, ça ira", Je dois, comme tout le monde, m'entraîner pour ce genre de choses, la façon de s'entraîner est, vous savez, parce que vous savez que vous allez avoir un test pratique pour quelque chose dont vous avez besoin, donc je dois me remettre à niveau, et cela prend du temps, ce n'est pas quelque chose que vous pouvez faire en quelques jours.

00:38:20 MD Et vous avez fait tout cela ?

00:38:22 P2 Non, j'avais commencé, vous vous souvenez ? J'ai commencé sur cet objectif, j'ai commencé mais...

00:38:27 MD Et ?

00:38:28 P2 ...j'ai arrêté de le faire parce que quand ce travail est arrivé, parce que ça m'a vraiment mis... ça m'a rendu encore pire à cause du fait...

00:38:39 MD Oh, vraiment ?

00:38:39 P2 ...ouais, parce que ce travail, ouais, je veux dire que vous comparez d'autres emplois pour lesquels je n'ai jamais postulé, le cahier des charges de cet emploi était absolument - il y avait quelque chose de bizarre parce qu'il n'y avait rien dedans, ouais. Et si vous regardez d'autres emplois, ils auraient une liste d'autres trucs détaillés dont vous auriez besoin, et celui-là non. Ils cachent quelque chose, non ? Mais dans tous les cas, je l'aurais fait parce que ça a l'air vraiment, vraiment facile. Mais la seule chose qui m'a décidé à ne pas le faire, c'est le fait que je ne suis pas un HGF. Maintenant, comment pouvez-vous bluffer pour réparer quelque chose ?

00:39:27 MD Parce que vous dites que maintenant que vous apprenez vite, c'est quelque chose que vous pouvez...

00:39:30 P2 Oui, je sais, mais alors... je veux dire... vous voyez, dans ma tête, je n'irais jamais... je pensais que j'allais chercher un emploi, dans ma tête, je me disais : "Personne n'irait chercher un emploi s'il n'avait aucune idée de ce qui est nécessaire". Ouais ? Je veux dire, ouais, je peux bluffer à ma façon mais je sais quoi faire la prochaine fois, si j'avais eu plus de temps, j'aurais postulé pour ce travail mais l'offre a été fermée trop tôt, j'aurais continué, heureusement maintenant ils ne sont pas allés sur... pour la dernière décennie, et il y a des choses sur la façon de faire les choses, ouais, donc j'aurais pu faire ça et ensuite j'aurais pu - si j'avais été choisi pour l'entretien alors j'aurais été capable de me souvenir de ce qu'il fallait faire.

00:40:18 MD Mm-hmm, mais tout ce que je peux voir ici...

00:40:20 P2 Mais la réponse la plus évidente est que, oui, le filet de sécurité est : "Oh, je suis prêt à apprendre." Je veux dire, jusqu'à quel point... il n'y a qu'une limite à l'utilisation de cette réponse, oui.

00:40:29 MD Ok. Donc en identifiant, oui, ce sont les émotions. La peur, c'est ça ?

00:40:35 P2 Oui, oui, c'était (conversation qui se chevauche) la peur ?

00:40:37 MD [inaudible 00:40:37] peur ?

00:40:39 P2 Oui, oui.

00:40:39 MD C'est à peu près la même chose.

00:40:41 P2 Oui, ce sont les mêmes, n'est-ce pas, des mots différents pour la même chose.

00:40:46 MD Oui, c'est-à-dire cette menace imminente. Je ne participerai pas, je ne prendrai même pas le risque parce que...

00:40:54 P2 Oui, donc c'est parce que je pèse les pertes et les gains.

00:40:59 MD Mais vous voyez que vous pesez, mais ensuite quand vous pesez réellement le pour et le contre, vous avez beaucoup de…

00:41:12 P2 De ?

00:41:13 MD De pour.

00:41:14 P2 Lequels ?

00:41:19 MD Éviter les gros efforts et le relâchement.

00:41:21 P2 C'est pour le travail, n'est-ce pas ?

00:41:23 MD Oh, oui, désolé.

00:41:24 P2 Donc il y a deux emplois, oui.

00:41:24 MD Non, non, parce que vous l'avez dit dans l'autre sens, c'est pour ça que je suis confuse. Donc vous ratez un meilleur salaire ?

00:41:31 P2 Oui, les inconvénients pour… les inconvénients pour ne pas accepter ce travail seraient…

00:41:37 MD Ouais, donc on regarde ça de la manière opposée, hein ? De l'autre côté, on regarde les choses à l'envers, alors qu'est-ce que… ouais, parce que c'est… c'est un point négatif, pas, pas, parce que vous n'avez pas postulé.

00:41:51 P2 Ok, je ne l'ai pas fait, ouais.

00:41:53 MD Donc, vous n'avez pas postulé pour le poste et alors quel est le… ?

00:42:00 P2 [Inaudible] n'est-ce pas, si je n'ai pas postulé pour le poste, oui, si je n'ai pas postulé pour le poste…

00:42:05 MD Les conséquences de ne pas postuler à un emploi sont ?

00:42:09 P2 Oui, (conversation qui se chevauche).

00:42:11 MD Parce que la situation n'est pas candidate, elle n'est pas candidate au poste, ouais ? Donc c'est un point négatif.

00:42:17 P2 Oui, c'est un point négatif, c'est ça.

00:42:19 MD Ouais. Donc les conséquences…

00:42:20 P2 Oui, de ne pas avoir fait de demande.

00:42:22 MD De ne pas avoir postulé, vous avez manqué un meilleur salaire et peut-être un meilleur emploi, n'est-ce pas ? Moins de temps libre en fonction du temps de trajet par rapport à aujourd'hui, plus de frais de déplacement ?

00:42:36 P2 Oui. Parce qu'en ce moment… Si je vais chercher un nouvel emploi et que je l'obtiens, je ne sais pas où il va me mener, et c'est OG. Si je prends OG comme exemple, ça veut dire qu'il n'y a pas moyen que je puisse y aller à pied, il faudrait que je prenne… le voyage sera plus long, le coût du voyage sera plus long, oui.

00:43:02 MD Mais vous serez mieux payé.

00:43:04 P2 J'espère, mais, non. Mais encore une fois, il faudrait que je calcule, il faudrait vraiment que je calcule si la différence de salaire, enlève le coût, l'avantage du salaire, d'accord, puis enlève le coût du voyage, et c'est juste le coût du voyage, le coût monétaire, sans compter le - je peux conduire… mais j'aurais préféré prendre le train ou le bus.

00:43:38 MD Mais qu'en est-il de l'accomplissement en lui-même, prendre ce travail, la récompense, et savoir que vous pouvez aller à cet entretien et réussir ?

00:43:48 P2 Non, mais je pèse tout. Vous voyez, ce travail d'OP qui est arrivé il y a quelques semaines aurait été idéal parce que je suis dans la même pièce, je pense que c'était la même pièce, le même endroit, n'est-ce pas ? Donc il n'y avait aucun coût monétaire ou de temps, d'accord ? Et j'aurais été bien mieux payé. Mais le fait est que si vous ne prenez pas - si vous trouvez un emploi… alors vous devez prendre en compte -

00:44:18 MD Mais votre objectif est de trouver un emploi… à OP ?

00:44:25 P2 Non, non. Mon but est de trouver un meilleur emploi.

00:44:29 MD Oui, ce qui impliquera… à OP… parce que vous m'avez déjà dit qu'il n'y a pas beaucoup d'emplois.

00:44:35 P2 Oui, il n'y a pas tant d'emplois que ça, mais il y a ça…, et ça veut dire que, je me disais que j'en ai eu, vous savez, je commençais à en avoir marre il y a quelques jours et je me suis dit, allons voir l'intérimaire, le directeur intérimaire de HT, un autre intérimaire, [inaudible 00:44:53] et j'ai dit, "Tenez, HT, j'allais vous envoyer mon CV par email". Je ne vais pas perdre quoi que ce soit, je ne vais pas perdre quoi que ce soit, juste lui envoyer un email et lui dire que c'est ce que je suis capable de faire, je serai un peu…, s'il y a un autre endroit dans cette classe où je peux faire ce travail, vous pouvez m'utiliser.

00:45:15 MD Oui, et qu'a répondu HT ?

00:45:17 P2 Non, je ne l'ai pas encore fait, [inaudible 00:45:17] faire ceci, je n'ai pas le temps de faire cela, donc, vous savez.

00:45:23 MD Donc il n'y a pas de travail à PO ou pas sur… ?

00:45:25 P2 Oui, non. Il y avait, comme je l'ai dit l'année dernière, n'est-ce pas, à cette époque l'année dernière, il y avait un emploi et j'ai même parlé à celui que je pensais être la personne… le gestionnaire responsable. Et c'était au téléphone et oui, il a dit oui, il a reconnu, oui, j'avais un esprit analytique et donc oui de façon analyste j'irai bien. Mais, donc, j'ai postulé mais je n'ai pas entendu parler de lui, je n'ai plus rien entendu de lui.

00:45:55 MD Oui, je me souviens que vous avez dit cela.

00:45:57 P2 Et j'ai pensé, eh bien, je ne suis pas dans une… vous savez, c'est ma faute mais je ne l'ai pas poursuivi, je ne voulais pas, je ne sais pas, quel est le mot, ressentir… la douleur n'est pas le bon mot, vous savez ce que je veux dire, je ne voulais pas aggraver la situation.

00:46:14 MD Et vous ne vouliez pas (conversation qui se chevauche)…

00:46:15 P2 Parce que je sais ce que la réponse va être, ouais, et il aurait pu dire quelque chose juste pour me faire plaisir, ouais, et ne pas vraiment le penser, ouais, alors quel est l'intérêt de ça.

00:46:25 MD Je pense que la semaine prochaine, je ne pourrai vous voir que sur le HHHT, et vous envoyer un e-mail, oui ?

00:46:37 P2 Ok alors.

00:46:38 MD Sinon, nous aurons… Mais êtes-vous satisfait des devoirs, de la séance ?

00:46:54 P2 La séance, oui, la séance est bien.

00:46:57 MD Oui. Avez-vous l'impression que vous allez rencontrer des difficultés avec ça, pour compléter ça ?

00:47:02 P2 Non, je ne pense pas. Pour l'instant, non, parce qu'il s'agit simplement de contacter ces personnes et de leur demander quand elles ont eu des réunions et, à partir du moment où elles ont eu leurs premières réunions, je suppose que ce sera un peu plus difficile, mais maintenant elles sont en quelque sorte, comment dire, des personnes expérimentées. Ils (conversation qui se chevauche) donc ils pourraient, évidemment, ça pourrait être différent, oui. Il y aura une différence graduelle pour chaque personne.

00:47:36 MD Alors, est-ce qu'on peut continuer avec les situations aussi, à votre avis ?

0:47:39 P2 Celles-ci, oui, oui. Celles-ci, oui.

00:47:43 MD Ou c'est trop ? Ou est-ce que c'est trop ?

00:47:46 P2 Vous savez, quelle est la prochaine étape pour moi pour faire face à ces situations ?

00:47:49 MD La même chose, les identifier en tant que pensée, humeur, émotion, corps, et... donc par exemple quand vous êtes absent, si vous pouvez penser à [inaudible 00:48:00].

00:48:04 P2 Désolé, j'aurais dû laisser ça dans ma voiture, ok.

00:48:06 MD Ok, la situation, quelque chose que vous avez trouvé... ou que vous avez trouvé... ? Ou, non, c'est vous qui décidez, quelque chose en relation avec votre objectif, vos objectifs.

00:48:19 P2 Ok, d'accord, ok.

00:48:20 MD C'est vrai ? Et comment pouvons-nous remettre en question ces hypothèses dont nous parlions la semaine dernière, à savoir céder ? Quelles sont vos règles ? Vos règles sont : je suis toujours en train de donner et je préfère m'incommoder moi-même plutôt que d'incommoder les autres. Alors comment pouvez-vous défier cela, comment pouvez-vous faire une expérience comportementale basée sur cela, que vous allez défier cela, et qu'est-ce qui allait... qu'est-ce qui allait se passer à la fin ? Est-ce que je peux avoir un... ?

00:48:50 P2 [Inaudible].

00:48:52 MD Oui, par exemple, cette idée de deux voitures. Qui vais-je... quel est le problème auquel je pense ? Je me demande quelle voiture va... lequel d'entre nous va prendre un... ouais, je n'arrive pas à trouver d'exemple, il faut que vous le fassiez. C'est quelque chose à propos de ce *désagrément*.

00:49:11 P2 Ouais, ok.

00:49:13 MD Alors quel est le problème auquel je m'attaque, ouais, la prédiction, qu'est-ce que je pense exactement qu'il se passerait si je ne prenais pas de précautions, oui ? Quelle est la pire chose qui pourrait arriver ? Comment je le saurais si ça arrivait, oui ? Ou ce sentiment d'envoyer un email pour demander un emploi, oui ?

00:49:33 P2 Oui.

00:49:34 MD Donc vous pourriez... et ensuite vous feriez une expérience, comment je testerais la prédiction, oui ? En faisant face à la situation que je devrais normalement éviter, oui. Je vais vous donner ça parce que c'est... c'est un modèle d'expérience comportementale que vous pouvez écrire...

00:49:54 P2 Ok, ouais.

00:49:54 MD Oui ?

00:49:57 P2 [inaudible 00:49:57], ok, c'est bien.

00:49:59 MD Eh bien, vous allez tester parce que vous allez vous retrouver dans cette situation, vous allez passer un appel, vous allez envoyer un courriel, poser une question ou confronter quelqu'un à propos de quelque chose. (pause) Oui ? Est-ce que ça a un sens ? Nous devons nous arrêter.

00:50:17 P2 C'est l'heure ?

00:50:18 MD Oui, j'ai réussi à…

00:50:22 P2 Désolé.

00:50:22 MD Non, ce n'est pas grave. Si vous trouvez cela difficile… ?

00:50:30 P2 Ça l'est, cette partie expérience. Je peux faire la partie prédiction, mais l'expérience signifie que je dois la faire physiquement.

00:50:38 MD Oui, comme envoyer un courriel, poser une question ou confronter quelqu'un à propos de quelque chose que vous pensez toujours donner, pour une raison ou une autre, ou c'est votre attente qu'une certaine situation se présente d'une certaine manière. Comment pouvons-nous remettre en question cela ? Vous me dites que si je fais quelque chose, j'arriverai à me décevoir moi-même de toute façon.

0:51:12 P2 Oui, (conversation qui se chevauche).

00:51:15 MD Et je suis curieuse à ce sujet. Si vous voulez juste y penser, juste y penser, si vous pensez que ça va être trop, ouais ? Mais si vous trouvez quelque chose qui…

00:51:24 P2 Je vais essayer, ouais, je vais faire l'email, ouais.

00:51:26 MD Oui, l'email, ça marche bien.

00:51:29 P2 L'email du travail, oui. Je vais le faire. Je vais choisir ça (conversation qui se chevauche).

00:51:35 MD Ou n'importe quelle demande d'emploi, d'ailleurs, que vous envoyez, oui ? Parce que votre perception est que vous voulez veux être remarqué ou ils ne prendront même pas la peine de….. Je veux dire, c'est une tâche un peu risquée parce que, comme nous le savons, combien de personnes postulent chaque jour, et combien de réponses reçoivent-elles ? Personne ne décroche un entretien dès la première candidature, non ?

00:52:00 P2 Non, mais ce travail, celui-là, apparemment 70 personnes ont postulé. (rires)

00:52:05 MD Oui, 7-0 ?

00:52:07 P2 7-0. Oui. Oui.

00:52:10 MD Dois-je garder tout cela, oui ?

00:52:11 P2 Oui, si ça ne vous dérange pas, (marmonnements).

00:52:15 MD Alors, vous êtes content de ça ?

00:52:16 P2 Oui, oui. Je vais en faire un, je vais en faire un, oui.

00:52:21 MD Qu'est-ce qui vous a plu aujourd'hui, s'il y a lieu ?

00:52:25 P2 Ça a été rapide en fait.

00:52:26 MD C'est allé trop vite ?

00:52:28 P2 Non, c'est juste allé vite.

00:52:30 MD Oui, je veux dire, il ne reste que trois minutes avant 6:00. Vous avez l'impression que ça s'est passé vite, d'habitude...

00:52:38 P2 En fait, c'est le cas, nous avons commencé à 5:00- non, nous avons commencé à 5:00, une minute ou deux après 5:00 donc on n'était pas en retard.

00:52:45 MD Non.

00:52:47 P2 Non, c'est juste...

00:52:48 MD Oui, c'est trop rapide pour être vrai ?

00:52:50 P2 Non, c'est juste... c'est juste... je ne me souviens pas vraiment des précédents mais, non, ça ne semble pas durer une heure. Ouais.

00:53:01 MD Oui, je pense que ça a peut-être quelque chose à voir avec le fait que nous nous sommes amusés aujourd'hui. (rires)

00:53:08 P2 Est-ce qu'on ne s'amuse pas à chaque fois ?

00:53:10 MD Oui, on s'amuse à chaque fois.

00:53:11 P2 A chaque fois, n'est-ce pas ?

00:53:12 MD Oh, oui.

00:53:13 P2 Ce n'est pas si mal. C'est amusant, non ?

00:53:16 MD Non, c'est... (rires) Ce qui est resté avec vous. Qu'est-ce qui vous est resté de cette journée ?

00:53:24 P2 Hein ?

00:53:25 MD Qu'est-ce qui est resté avec vous ?

00:53:28 P2 Oh mon Dieu.

00:53:30 MD Vous avez déjà oublié la session ? (gloussements)

00:53:31 P2 Non, non. Je ne sais pas ce qu'il y a avec moi, c'est juste le blocage mental.

00:53:37 MD C'est comme cette rencontre ? Qu'est-ce qui vous a marqué ? Je ne veux pas que vous me disiez quelque chose en particulier.

00:53:42 P2 Non, je sais que nous avons parlé... nous avons parlé de la conduite, oui, et nous avons parlé de la fois précédente.

00:53:52 MD Oui, et de la planification, oui.

00:53:53 P2 Oui, en fait, peut-être que la fois précédente j'ai dû aller avec mon... Mais ça, pour moi, c'est ce que je veux dire, le temps est passé si vite, parce que tout ce dont je me souviens c'est que nous parlions de ...

00:54:09 MD Mais c'est important aujourd'hui, non ?

00:54:11 P2 Oui, c'est important, oui, mais c'est tout ce dont je me souviens, ce qui me reste en tête.

00:54:15 MD C'est bon.

00:54:24 P2 Oui, je m'en souviens, [inaudible 00:54:25].

00:54:26 MD Oui, je sais, donc on va appeler ça un planning, un plan d'action. Je vous souhaite un bon voyage et je vous verrai dans...

00:54:42 P2 On se voit dans..., d'accord.

00:54:43 MD Oui... je vous enverrai un mail.

00:54:47 P2 Par mail, oui. Merci.

00:54:50 MD A bientôt.

00:54:50 P2 Prenez soin de vous, au revoir.

[01.00.00]

Fin de la transcription

Stratégie de gestion des émotions :

Déclaration préalable : les événements suivants sont imaginaires, et toute association avec la vie réelle est le fruit du hasard et du seul hasard. Cet exercice a été créé dans le but d'insinuer de la créativité sur l'atténuation et le traitement des contenus émotionnels difficiles. En termes psychothérapeutiques, de telles stratégies sont employées par votre thérapeute pendant les séances et le contenu émotionnel est traité lors des séances avec votre thérapeute. Ce qui suit est conceptualisé comme le contenu d'un journal en tant que pratique réflexive ou comme une forme de débriefing après une rencontre difficile. Cette stratégie a été publiée pour la première fois sous la forme d'un article de blog en octobre 2019.

Il ne sera jamais facile de former un cas composite de plusieurs clients et de présenter une histoire significative. Ce que j'avais à l'esprit, c'est plus d'un cas, plus d'une rencontre, plus d'une histoire et pourtant, d'une certaine manière, tout cela fait partie d'un tout qui ne peut être nommé que comme une forme de système de "soins".

Il y a quelques années, au retour d'une de mes longues journées au service d'un centre de services psychothérapeutiques dans l'est de Londres, je me suis rendue compte que l'enregistreur de mes séances était resté en mode On dans mon sac à main. Après une séance avec un client, je l'ai simplement éteint et placé en sécurité dans mon sac à main, mais pour une raison quelconque, il a continué à enregistrer mon retour à la maison. Surement, ce cas était singulier et je ne l'ai réalisé seulement 12 mois plus tard, lorsque j'ai consulté des enregistrements des leçons de piano de mon fils au début de ses années d'école primaire. J'ai également pu récupérer l'enregistrement numérique d'une session où, dans mon espace de consultation, des pistes sur divers aspects du développement de l'enfant ont été présentées avec des réflexions concluant que les enfants d'environ 13 ans peuvent mal interpréter la communication verbale. C'était et c'est toujours sur des notes enregistrées numériquement et pourtant, il est conçu que même après de nombreuses lunes et plusieurs mois, ma réponse émotionnelle aux mots enregistrés contient les mêmes réflexions thérapeutiques. Je me demande encore comment et pourquoi cela peut être possible. La raison positive et catégorique en est que cette rencontre a été classée comme un événement malheureux et n'est significative qu'en termes de ce que je considère nécessaire en action pratique : la réflexion et la conscience de soi. Un homme sage m'a dit un jour, il n'y a pas longtemps, que : "Vous devez arrêter ; vous ne gagnerez jamais contre le système !" Je n'ai jamais été en désaccord avec lui ni avec son affirmation, ni à l'époque ni aujourd'hui. Cependant, je ne suis pas d'accord avec le fait que j'ai déjà travaillé ou que je travaillerai un jour contre un système, qu'il soit humain ou autre. Je ne me suis jamais considéré comme un outsider, ni comme un insider d'ailleurs, et en termes psychothérapeutiques, insider pourrait être analogue à systémique, mais en y regardant de plus près, tout est question de stratégie et de liberté - à la fois humainement et naturellement éduquée, de droit humain basé sur le choix ou de liberté de pensée et de parole - comment cela s'appelle-t-il déjà ?

Sur certains des ses enregistrements de piano, mon fils me dit aussi qu'il m'aime et que je lui manque - probablement des moments de croissance et de compréhension lorsque maman n'est pas là. Les enfants doivent être capables de gérer la séparation et de s'apaiser, mais aussi d'être assez ouverts émotionnellement en étant capables de parler de leurs sentiments et de les exprimer, de les articuler dans un langage adapté à leur âge.

J'ai écouté la pratique du piano de mon fils sur les enregistrement 1, 2, 3, 4, 5, 6, puis certains de mes enregistrements sur le même combiné, ce qui m'a bouleversé. Qu'est-ce qu'un système d'aide sociale apporte à ceux qui en ont le plus besoin ? Et encore une fois, je dois équilibrer ma réponse, et suspendre mon jugement une fois de plus. Néanmoins, ce que l'on ne peut pas dire, c'est que j'avais ressenti ou que les sentiments suscités étaient une compréhension empathique absolue. Et c'est assez juste étant donné que cette rencontre thérapeutique spécifique était une rencontre en plein processus. Je m'en souviens comme si c'était hier, mais ma mémoire photographique est un grand désavantage dans de tels moments. La stratégie de gestion des émotions concerne précisément de tels sentiments : une dite capacité ou une agilité psychologique et une capacité de détachement, avec un non-engagement dans ce qui peut déjà être évalué comme un événement malheureux de la vie et, comme c'est le cas dans cette affaire, faisant partie d'un exercice de pratique réflexive. La vérité est que de telles rencontres existent et doivent être interprétées dans le contexte de leur pratique et qu'à aucun moment les changements recherchés ne doivent provenir d'un conseil mais d'un accompagnement thérapeutique.

*L'**histoire de la gestion des émotions** consiste à revivre une rencontre plusieurs mois après son existence et à découvrir que le passage du temps a peu modifié la compréhension du contenu émotionnel initial de l'expérience vécue - il est également juste de noter qu'en revoyant les fichiers audios, j'ai plutôt bien réussi à le faire, ce qui a provoqué de nouvelles révélations et renforcé l'exactitude de mon analyse initiale. Le script de gestion des émotions concerne les expériences qui sont laissées dans la salle de thérapie et les expériences qui sont emportées pour être traitées - le travail clinique est comme une pyramide de sentiments fantômes qui sont gérés avec soin et expertise. En écoutant mon trajet de retour et les dernières minutes d'une journée dans ma salle de thérapie, j'ai pu me souvenir de chaque moment, revivre mes expériences et traiter leur contenu pour en faire un sujet de discussion ; les sessions de formation étaient exemptes de telles questions. Tous ces moments concernent la vie capturée, un trajet et un retour à la maison. Les enregistrements de la pratique du piano de mon fils sont des moments de bonheur, avec son insistance à me surprendre agréablement et en faisant une déclaration à la fois sur ses stratégies d'auto-apaisement et sur sa phase de* *croissance, mon fils m'a rappelé ce qui compte vraiment. L'histoire parallèle ici est que mon enregistrement s'est poursuivi sur mon propre trajet vers la maison après une journée difficile au travail et même si ce n'était pas conscient ni volontaire, je me suis offerte un avertissement après coup qui dit clairement : **"Laissez le travail au travail quand vous rentrez chez vous"** ! Il s'agit là de l'énoncé d'une stratégie d'aide personnelle bien connue qui, dans mon secteur d'activité, n'est pas toujours facile à mettre en œuvre. Nous ressentons ce que nous ressentons... et nous avons donc besoin de l'assimiler.*

Les enregistrements de la pratique du piano de mon fils m'ont permis de comprendre pourquoi c'est le cas. Mais il a fait quelque chose de plus essentiel qu'un simple rappel sur les stratégies d'autogestion de la santé; il m'a rappelé des façons bien ancrées de gérer humainement les états émotionnels difficiles : les enregistrer ! Que vous le fassiez sous forme numérique, par écrit, en parlant verbalement à quelqu'un ou en dessinant, en peignant, il n'est jamais trop tard pour articuler et exprimer ce que vous ressentez comme un besoin ou une envie d'être dit, exploré, examiné - le passage du temps seul ne va pas nécessairement offrir un soulagement à une détresse ou un défi, mon enfant de 8/9 ans a fait ce choix pour lui-même. J'avais 13 enregistrements dans un enregistreur - tous types de voix, des sons, des bruits, des dialogues, des conversations, les rues de Londres, des moments thérapeutiques, la voix d'un enfant, la musique et le fond d'une pratique de piano, néanmoins, les messages vocaux de mon fils et mes pas enregistrés - le trajet rythmique symbolique vers la maison - ont été les plus importants pour moi. C'est ce qui me tient à cœur et ce qui reste avec moi, c'est ce qui est personnel, je l'entends, je le vois et je le ressens avec chaque fibre de mon être - pour cela, je n'ai pas besoin de développer de nouvelles techniques. L'autre jour, un mentoré m'a demandé si je pouvais suggérer une stratégie qui puisse être appliquée avec succès comme une forme de priorisation et d'achèvement d'une tâche à son échéance initiale. Ma réponse a été la suivante : Oui et non, car cela dépend vraiment de chaque cas.

Le script de la gestion des émotions ne consiste pas à proposer une stratégie, mais à offrir une compréhension du fait que nous pouvons parfois être surpris par ce que nous ressentons, et qu'un bon début pour le gérer est d'être capable de le reconnaître et d'en localiser la provenance.

"Me Time" (Du Temps Pour Moi): Une stratégie pour prendre soin de soi

Affirmations positives et "du temps pour moi" - pourquoi sont-ils importants ?

Il y a plusieurs années, en fait presque il y a deux décennies, un bon ami et un mentor m'a suggéré de lire un livre intitulé "The Wonder Box : Curious histories of how to live" de Roman Krznaric (2013). Une lecture merveilleuse pour laquelle là il faut se faire sa propre opinion. En reconnaissant la gentillesse de mon ami pour sa suggestion de cette lecture intéressante, un tel geste de sa part signifiait également que notre relation est basée sur le respect mutuel, la compréhension de l'autre et une passion commune clairement reconnue pour la lecture. Une telle passion fait partie de ce que j'appelais le "temps pour moi" - un moment où tout est calme (ou pas) et où je peux me plonger dans des pages et des pages d'écrits indéfinis. Je suis toujours très accrochée aux copies papier et aux livres de poche.

Les affirmations positives et le "temps pour moi" sont très liés, et, dans un écrit précédent, publié sur Counselling Directory, il a été mentionné qu'il est important d'avoir un type d'amour, de relation tel que la *philia* dans votre vie comme une forme de facteur de sauvetage, mais aussi pour maintenir le bien-être mental et des relations saines avec les êtres chers à travers des interactions sociales significatives. *Le temps pour soi* peut être interprété comme une forme de soin de soi, une personne s'occupant soigneusement de ses besoins, de ses passions, de ses intérêts, prenant du temps sur son emploi du temps quotidien et trouvant du temps pour se détendre et calmer un rythme de vie rapide. La lecture est l'un de ces moyens et nous la suggérons juste pour illustrer ce que l'on entend par "temps pour soi" mais, bien sûr, le *temps pour soi* a une signification différente pour chacun d'entre nous, avec quelques similitudes dans une certaine mesure. Le *temps pour soi* peut également être considéré comme une autre forme d'amour, une forme d'amour de soi. A côté de la philia, les Grecs ont identifié un autre type d'amour, un amour qu'ils appellent *Philautia*. Ce type d'amour de soi, on le distingue de Narcisse ou d'une forme d'amour de soi qui est perçu comme égoïste, avec des préoccupations égocentriques de soi. La *philautie* est une forme positive d'amour de soi, fondée sur la conviction que l'on ne peut étendre notre amour aux autres que si l'on est sûr de soi et que l'on s'aime de manière appréciative et réaliste.

La philautie, en tant que forme d'amour de soi, peut être conceptualisée comme un soin de soi et une maturité, un développement lorsque l'on équilibre les responsabilités et les exigences de la vie avec une attention particulière. Lorsque j'interroge des étudiants, des mentorés et des clients sur leur emploi du temps hebdomadaire, il y a souvent une surprise de leur part lorsque je mentionne le *"temps pour moi"* et que je leur indique une allocation d'espace et de temps pour la réflexion, l'amour de soi ou simplement un temps pour eux-mêmes, leurs intérêts, passions, etc. Ici, la philautie est utilisée dans le contexte de l'apprentissage de l'appréciation de l'espace, de la prise de temps pour soi et de l'abandon de la croyance selon laquelle prendre du temps sur un emploi du temps chargé signifie que l'on apprécie moins la tâche à accomplir. Au contraire, en prenant du temps pour soi pendant un emploi du temps chargé, on peut devenir plus productif, plus efficace - si c'est ce que l'on recherche - et enfino, renforcer la confiance en soi - non pas jusqu'à un niveau de sur-confiance, mais jusqu'à une résolution appréciative et positive. L'augmentation du *temps pour soi* ne doit pas être considérée comme équivalente à une diminution du temps de travail - car le soi n'est pas simplement une équation mathématique, mais une expérience où les affirmations positives sont une nécessité de la vie quotidienne. La philautie peut être considérée comme un type d'amour empreint de positivité et de conscience de sa propre capacité à aimer, en commençant par la reconnaissance du besoin de s'aimer soi-même. Il y a presque deux décennies, mon amie m'a fait part de sa passion pour la lecture, … Je la considère comme un type de philautie et je lui suis reconnaissante pour sa suggestion.

Références

Krznaric, R., 2013. *The Wonder Box*. Londres : Profile.

Chapitre 4. La thérapie de couple et la recherche de solutions grâce aux rencontres thérapeutiques

La thérapie de couple : une étude de cas de la Tavistock Relationship Clinic (Clinique des Relations de Tavistock)

Pragma Amour mature : le concept de vulnérabilité et sa signification dans la thérapie de couple.

L'écriture qui suit est basée sur des concepts académiques et des compréhensions correspondantes de ce que signifie l'amour mature et les relations de couple ; le terme Pragma a été employé comme représentation d'une forme idéale dans les relations de couple.

J'ai légèrement hésité, et seulement légèrement, à démarrer une conversation sur le concept de vulnérabilité, et ce n'est que lorsque je l'ai couplée avec les connaissances acquises au cours de ma pratique à la Tavistock Relationships Clinic, mon travail en thérapie de couple, que j'ai ravivé les réalisations de ce que "pragma" signifie et que j'ai revisité les journaux des cas de couple - comme un cumulus - que j'ai eu un sentiment de : oui, peut-être que dans ce contexte, "pragma" et "vulnérabilité" peuvent être développés ensemble dans une position conceptuelle. Beck, Emery et Greenberg, (2005) font référence à un passage lié à une progression conceptuelle sur la compréhension de la façon dont la "vulnérabilité" reste au cœur des troubles anxieux. Vingt ans plus tard, après la première édition publiée sur la relation entre l'anxiété et la vulnérabilité, Beck, Emery et Greenberg (2005) affirment que cette relation est toujours très présente et discutée dans une perspective théorique cognitive des troubles anxieux (Beck, Emery et Greenberg, 2005). Dans le contexte de ce chapitre, le concept de maturité dans une relation - donc le pragma - est jumelé à l'anxiété d'un couple de clients existants (vulnérabilité du couple) afin de mieux comprendre les facteurs impliqués dans le développement d'un amour mature. L'analyse a été rendue possible par des observations, explorations et rapports cliniques lors de séances de thérapie de couple il y a quelques années au Tavistock Relationships, à Londres, où l'approche de la retraite était une étape transitoire ciblée pour une intervention.

Qu'est-ce que le pragma ?

Le pragma, en tant qu'amour mature, a été décrit par les Grecs comme un type d'amour qui se développe entre des couples romantiques où la principale caractéristique d'une relation est celle du "don" à l'autre. Il doit être distingué de divers autres types d'amour, à savoir l'amour de soi, l'amour désintéressé, l'amour développé entre des personnes ayant un objectif commun partagé, etc. Il y a quelques considérations à prendre en compte pour évaluer le pragma en tant qu'amour développé au fil du temps entre des couples. L'une de ces considérations consiste à déterminer à quel moment l'amour d'un couple peut être considéré comme un amour mature. La maturité suggérerait une période de temps relativement longue et ce qui peut alors être formulé comme une première question est de savoir si la durée ou la période* dans le temps est effectivement un facteur déterminant dans une définition de "pragma". Est-il possible que d'autres facteurs, outre la durée, soient plus essentiels pour évaluer et attribuer à une relation qui est alors classée comme amour mature ou "pragma" ? Cet article suggère que de tels facteurs existent et qu'ils sont peut-être plus importants qu'une affirmation sur la durée de la relation. De plus, on pourrait accorder une grande importance à deux aspects spécifiques de ces facteurs/composantes des relations pragmatiques : a) la négociation par le couple de toutes les composantes d'une relation pragmatique ; b) le moment où cette négociation est terminée avec tous les aspects présents et convenus. Un argument possible est que la longueur d'une relation ne peut que conférer une plus grande opportunité pour que tous les éléments de la relation pragmatique soient identifiés, reconnus et incorporés dans cette relation. Certains facteurs potentiels sont les suivants 1. La confiance. 2. Le respect. 3. L'engagement. 4. Se soutenir mutuellement et toujours agir dans le meilleur intérêt de chacun, y compris pour la stabilité domestique et la sécurité financière. 5. Résilience : surmonter les difficultés et négocier ensemble les meilleurs intérêts de la relation. 6. Tolérance : accepter de travailler ensemble malgré les différences et, le cas échéant, trouver des solutions à ces différences. 7. L'amour romantique s'affirme par la mutualité et la réciprocité délimitées par les significations convenues du couple. 8. Une contribution et une responsabilité égales pour le maintien d'un environnement harmonieux, sain, connecté et communicatif pour les personnes à charge que le couple peut avoir, le bien-être de chacun, le développement sain de la relation du couple et de toutes les relations dérivées du statu quo du couple.

Ce ne sont là que quelques-uns des facteurs que l'on peut identifier dans une relation amoureuse que l'on peut qualifier de pragmatique. Il ne fait aucun doute que la durée de la relation de couple est hautement significative, cependant, lorsque l'on emploie le terme d'amour "mature", il faut être assez prudent dans ce que cela peut suggérer. La première question à laquelle il faut réfléchir est de savoir si un couple qui a été dans une relation pendant une période de douze mois et qui a réussi à négocier, à se mettre d'accord et à agir sur tous les facteurs mentionnés ci-dessus, peut être qualifié d'amour mature ou de relation de couple pragmatique. La deuxième question à explorer est de savoir si un couple qui a été ensemble pendant vingt ans, sans personne à charge et pendant une période de transition, la relation du couple devient vulnérable et remise en question par les points de vue différents de chaque partenaire sur une telle transition. Est-ce que, dans de telles circonstances, la relation de couple peut encore être définie comme un amour "mature" et ou pragma ? Que se passe-t-il si un autre couple, avec la même durée de relation et les mêmes circonstances, est confronté à une transition similaire et qu'il se rend compte qu'elle ne pose aucun défi car le couple a déjà négocié et s'est mis d'accord avec succès sur tous les aspects de cette transition ? Les questions que je propose sont destinées à la réflexion et visent à mettre en évidence les complexités d'une relation de couple et, plus particulièrement, à examiner l'impact potentiel sur la résilience du couple client lorsqu'un événement particulier ou une transition psychologique se produit. La relation de couple et ses composantes constituent l'élément central d'une définition de l'amour pragmatique mature, et il serait juste de noter que les facteurs 1 à 8 atteints sur un continuum donneraient une forme idéale de relation de couple pragmatique. Un tel idéal, à notre avis, est non seulement difficile à atteindre mais aussi impossible à réaliser dans la réalité de nos vies. Les facteurs 1 à 8 représentent la négociation elle-même, qui peut se dérouler en plusieurs étapes et à des moments différents. Ce document affirme que cette négociation et le succès de cette négociation des facteurs 1 à 8 représentent l'amour pragmatique et oui, il nécessite, en effet, une période de temps relativement longue, mais cela ne veut pas dire qu'il faut un minimum de dix ans ; nous soutenons qu'il peut être atteint en douze mois également. Un autre facteur à prendre en compte est peut-être le fait que le couple lui-même peut déterminer cette période en tenant compte d'au moins un événement dans leur vie et/ou d'une transition psychologique que le couple a négocié et terminé avec succès, par exemple le fait d'emménager ensemble. Les événements et/ou les transitions devraient être décidés par le couple et les exemples sont illimités quant à ce qui peut être considéré comme un événement et/ou une transition dans une relation de couple avec une détermination psychologique significative.

Pragmatisme et vulnérabilité - où est le "fit" ?

Afin d'illustrer un tel processus et les complexités d'une telle rencontre analytique, je vais présenter un travail avec un couple de clients, dans le but d'étendre la compréhension de la résilience et de la vulnérabilité du couple en réponse à une transition psychologique. Le cas présenté/client en couple évaluait une décision de retraite anticipée. Strand et Ran sont ensemble depuis 17 ans. Strand a une quarantaine d'années et Ran une quarantaine d'années. Ils sont tous deux britanniques, partagent un logement et ont vécu au Royaume-Uni pendant au moins la durée de leur relation. Ran a pris sa retraite et Strand est actuellement évalué pour une retraite anticipée pour des raisons médicales. Le couple n'a pas d'enfants et cela est ressenti comme une grande perte pour leur relation et leur vie de famille. Le couple a indiqué que, dans une certaine mesure, le besoin d'élever un enfant du couple était comblé par leur participation à la garde des jeunes enfants des membres de la famille proche. En pensant aux processus de couple et à la relation comme étant des facteurs cruciaux pour le thérapeute, j'ai décidé d'une approche orientée, mettant en œuvre un nouveau modèle de Tavistock Relationships développé pour la thérapie de couple de clients et les décisions sur la retraite anticipée. La session initiale a été proposée comme une session de décision dans la réflexion avec le couple sur leur relation, permettant à une dynamique de couple de se développer dans la pièce thérapeutique et présentant un "tiers" comme une relation dans la pièce. La supervision clinique et les discussions cliniques avec d'autres cliniciens pairs de la Tavistock Relationship Clinic ont été des aspects importants pour mieux comprendre le cadre théorique employé et la manière de procéder avec une intervention relativement nouvelle. Avant la première séance, le couple et moi nous sommes rencontrés dans la salle d'attente et lorsque nous sommes entrés dans la salle de consultation, les deux partenaires étaient encore préoccupés par certaines des questions du formulaire de pré-séance fourni par la réception de la clinique. Ran a demandé à Strand ce que il avait mis pour l'état civil sur le formulaire de la clinique. Il semble qu'en remplissant les questionnaires, Ran ait eu une réponse immédiate, ce qui a suscité une réflexion sur le fait que le couple se présente comme étant d'accord sur un statut marital de leur relation. Il semble que le statut de la relation ait été proposé comme point de départ de la discussion sur la relation dans la pièce. J'ai abordé cette question en demandant à Ran et Strand ce que cela signifiait de ne pas se sentir clair ou incertain sur le statut de leur relation - une telle observation a ensuite dû aborder des questions sur la façon dont les besoins du partenaire sont traités par chaque partenaire individuel du couple. En termes psychothérapeutiques, nous nous référons à ces besoins comme à un "ajustement de couple", une manière de décrire comment les deux partenaires d'un couple répondent et se relient l'un à l'autre.

Il n'est pas nécessaire de poursuivre l'illustration de cet exemple au-delà de ce point, car ce qui a été révélé, dans ce cas, c'est une vulnérabilité évidente à laquelle le couple a été exposé en raison de facteurs de différence à la fois internes et externes : a) en interne, ces différences se sont présentées lorsque les besoins du couple ont émergé sous forme de désaccords sur le statut de la relation de couple et b) en externe, ces différences étant résumées par le formulaire de pré-évaluation lorsque le couple a dû se mettre d'accord sur le statut de sa relation sur chaque formulaire de déclaration individuelle. Ce que ces différences traduisent, c'est que le couple cherche à résoudre le problème de leur statut relationnel et à obtenir un accord dans la salle de thérapie. Cependant, le manque d'accord du couple est une vulnérabilité évidente qui se manifeste par l'anxiété liée au statut relationnel du couple. En cherchant à surmonter de telles différences, le couple a fait preuve de résilience, de capacité à agir dans l'intérêt de l'autre et dans l'intérêt de leur relation de couple. Il a été révélé plus tard au cours des séances de thérapie que l'un des partenaires avait proposé à l'autre de se marier pendant la durée de leur relation, une telle négociation n'ayant pas encore trouvé de solution. L'absence d'accord et/ou de résolution sur la négociation de la demande en mariage a représenté un point crucial d'analyse pour notre client de couple et a été qualifiée de vulnérable et d'aspect blessé du client de couple qui n'a peut-être pas été reconnu comme une source actuelle d'anxiété et de différence entre les deux partenaires jusqu'à ce qu'il soit affirmé dans la salle de thérapie.

Facteur déterminant du pragmatisme amoureux et thérapie de couple : qu'est-ce qui compte le plus ?

Dans le cas illustré ci-dessus, un facteur déterminant de la vulnérabilité du couple était représenté par une demande en mariage non résolue ou incomplète. Cet aspect a été reconnu par le couple client comme une source d'anxiété, puis abordé et résolu dans la salle de thérapie. Il est également apparu clairement que la période transitoire de la retraite présentait un obstacle de différences qui remontaient en fait à sa source d'anxiété autour du statut relationnel du couple. La capacité du client en couple à identifier et à négocier les aspects de sa relation et à résoudre positivement les différences est un aspect important de ce que l'on appelle l'amour mature et les relations pragmatiques. Il reste à savoir si ce qui confère ce terme à une relation reste lié à la durée de la relation ou à la résilience du couple client et à sa capacité à négocier ses différences lorsque la vulnérabilité du couple est révélée et que des transitions psychologiques sont rencontrées. L'argument de ce chapitre est qu'une vraie relation d'amour pragmatique dépend d'une négociation réussie des facteurs 1 à 8 et oui, le temps est essentiel, cependant plusieurs mois, plutôt que plusieurs années, suffisent.

Références

Beck, A., Emery, G. et Greenberg, R., 2005. *Troubles anxieux et phobies*. Cambridge, MA : Basic Books.

La couleur de l'automne et l'autre côté de la résolution : tourner la page par la thérapie.

A. Un thérapeute qui assiste à une fête sociale est en train d'avoir une conversation informelle ou une petite discussion avec une personne à proximité : La personne demande au thérapeute : "Alors, que faites-vous ?" Le thérapeute est légèrement hésitant et répond : "Je travaille dans le domaine de la santé, je suis psychothérapeute." La personne semble quelque peu intéressée et répond alors : "Ah, oui, ce doit être un travail très exigeant. Je travaille dans le bâtiment, je suis ingénieur". La réponse du thérapeute 1 : "La construction ? Je me demande ce qui vous a décidé à choisir la construction comme voie professionnelle… ? Pourriez-vous m'en dire un peu plus à ce sujet" ? Ou bien La réponse du thérapeute 2 : "… Ça doit être un travail intéressant ! Depuis combien de temps travaillez-vous dans la construction ?".

B. Un client se présente en thérapie pour une séance initiale, une séance d'évaluation et demande au thérapeute s'il connaît les termes "trolling" et "ghosting" ? Le clinicien répond en posant plusieurs questions sur ces expériences et en guidant le client pour qu'il trouve des significations plus profondes à ces situations et à la façon dont ces situations l'affectent. Lorsque le client demande au spécialiste s'il comprend le sens de certains mots, par exemple "*ghosting*", le thérapeute commence à établir des liens psychologiques entre les raisons pour lesquelles de telles questions sont posées : une telle question est-elle représentative de la motivation (cognitive) du client (émotionnelle, processus de pensée/réflexion pour suivre une thérapie et un aspect de la relation qui a besoin d'être confirmé ou clarifié). Le psychothérapeute évalue les niveaux des modes de relation de son client en thérapie et le type de motivation pour participer à la thérapie. Le clinicien est complètement à l'écoute du récit du client et intervient en guidant son patient par des questions spécifiques : la plupart du temps, il répète ou paraphrase ce que le client lui dit, en faisant preuve d'une écoute active et d'un véritable intérêt pour mieux aider le client.

La compréhension du "ghosting" par un psychothérapeute comporte différents degrés d'analyse sur les constructions basées sur les connaissances psychologiques qui sont ensuite appliquées et évaluées sous ce que l'on appelle le besoin de clôture cognitive (NCCF) (étudié par Kruglanski, 1989), les relations interpersonnelles, les types d'attachement, les problèmes de rejet/abandon qui peuvent ébranler l'image que l'on a de soi et modifier la perception que l'on a de soi ou divers aspects de l'estime de soi du client, la thérapie des traumatismes, les différences individuelles, la psychologie anormale, la psychologie de la gestalt, la compréhension psychanalytique de la dynamique de groupe, les concepts de la psychologie sociale et la psychologie du développement, pour n'en citer que quelques-uns.

Le spécialiste ne fait pas de telles déterminations préliminaires distinctes au moment de l'évaluation, mais tout est là, toutes ces connaissances théoriques sont présentes et, à ce moment-là, l'expert réfléchit : a) Pourquoi le client pose-t-il la question ? b) Pourquoi le client la pose-t-il à ce moment-là ? c) Quelle est la motivation du client à suivre une thérapie et pourquoi maintenant ? (A ce moment précis ?) d) Quels sont les souhaits du client en matière de thérapie et ce qu'il perçoit comme des "désirs" du processus thérapeutique ? e) Le client peut-il identifier ses problèmes ou les difficultés qu'il perçoit ? f) Le client peut-il reconnaître ses difficultés ressenties ? g) Quel est le degré de détresse émotionnelle du client ? Et ainsi de suite.

Cette analyse préliminaire fait partie d'une évaluation (initiale) et des méthodes de travail en thérapie, mais elle fait également partie de la méthode du thérapeute pour évaluer le besoin de clôture (cognitive) du client.

Si le client pose des questions spécifiques au cours du processus thérapeutique, une toute nouvelle analyse est pertinente pour le cas, toutes les questions du client étant intégrées dans son travail, ce qui permet une meilleure compréhension du cas.

Une définition acceptée et fondamentale de la "clôture" fait référence au désir de conclure sur une question/trouver une résolution et une telle compréhension peut s'étendre à la fois aux questions pratiques et aux terrains psychologiques.

D'après les exemples ci-dessus, il ne fait aucun doute que la recherche de la clôture en thérapie consiste à chercher un autre aspect à résoudre, un besoin de clôture et un récit personnel difficile à formuler en termes universels.

Les difficultés identifiées d'un client sont revues au fur et à mesure que celui-ci propose de nouvelles spécificités à son cas : ghosting, trolling, etc.

La relation thérapeutique est pertinente à tout moment - en particulier lorsque votre thérapeute est issu d'une école de pensée ou d'une modalité thérapeutique qui considère la relation thérapeutique comme un élément important du processus thérapeutique.

La fin et la clôture dans le travail thérapeutique bref

Pour un psychothérapeute formé au travail thérapeutique bref, la fréquence et la durée du travail thérapeutique sont des aspects importants de la pratique.

Les clients et/ou les patients travaillent avec leur thérapeute avec un objectif établi et la fin de la thérapie est importante dès la première séance.

Un programme de voyage thérapeutique basé sur la raison de la participation à la thérapie fait partie intégrante du travail bref.

Les séances programmées et le processus thérapeutique guident les clients vers la fin ou la clôture.

En psychothérapie, la fin ou l'achèvement (d'un parcours thérapeutique) sont des termes compatibles et généralement considérés comme synonymes.

Entre l'analyse à long terme et le travail thérapeutique bref, il existe des distinctions théoriques et pratiques claires, et exceptionnellement sur la façon dont la fin du parcours thérapeutique est traitée.

Ce qui suit fait référence à la thérapie brève ou à court terme :

La fin du processus thérapeutique dans la thérapie brève ou à court terme

Lorsque le modèle thérapeutique psychodynamique bref est utilisé, la fin de la thérapie devient une partie intégrante de l'objectif thérapeutique.

Nous considérons un modèle psychothérapeutique comme un travail bref lorsque : a) Le nombre de séances est déterminé par une évaluation initiale et proposé à un client potentiel - maximum 24. b) Le cours de la thérapie suit un modèle thérapeutique spécifique développé pour des interventions thérapeutiques brèves dans une modalité évaluée comme étant la mieux adaptée aux difficultés et défis identifiés par le client (le National Institute for Health and Care Excellence NICE a des directives claires sur la façon dont tous ces aspects cliniques). c) Le client et le thérapeute développent des objectifs/une orientation pour le travail thérapeutique alors que toutes les séances sont planifiées et structurées autour d'une telle formulation - votre thérapeute va formuler vos difficultés dans une construction/des phrases émotionnelles significatives. d) Le thérapeute et le client travaillent strictement avec les préoccupations identifiées et formulées comme point central et si d'autres événements ou défis se présentent au cours de la thérapie, ces aspects sont alors considérés comme nécessitant d'autres travaux/séances. e) Si le thérapeute fait partie d'un service ou d'une organisation spécialisée et que l'organisation est responsable du travail clinique, le thérapeute et le service sont responsables de la réévaluation des besoins du client à tout moment.

Tous les critères mentionnés ci-dessus ne sont que quelques-unes des nombreuses considérations sur ce qui constitue un travail bref en termes thérapeutiques. Le travail thérapeutique bref et la thérapie à court terme sont des termes interchangeables.

Les fins et la thérapie cognitivo-comportementale*

La thérapie cognitivo-comportementale, ou TCC, est un modèle de thérapie à court terme connu sous le nom de travail bref ou travail thérapeutique à court terme. La plupart des protocoles TCC sont des interventions conçues et structurées pour un nombre déterminé de séances.

La TCC est un modèle de thérapie fondé sur des preuves (scientifiques), avec des interventions ou des protocoles qui, dans leur majorité, ne dépassent pas la durée recommandée de 28 séances.

Dans la TCC, la fin d'un processus thérapeutique est un aspect essentiel du travail thérapeutique, et elle est revue en collaboration avec le client/patient vers la fin d'un processus thérapeutique.

Dans la TCC, la fin du processus est considérée comme un schéma directeur que le client peut appliquer et examiner dans les événements de sa vie future. Ce plan et cette révision sont généralement assignés à la dernière (ou à plusieurs) session d'un parcours thérapeutique. Si le processus thérapeutique est conceptualisé en quatre sections, la création d'un plan de travail commencera au cours de la troisième partie du processus et se poursuivra jusqu'à la fin de la thérapie.

Le souhait du client de tourner la page à travers un processus thérapeutique.

La recherche d'un aboutissement, d'une clôture peut être identifiée comme un point central de la session d'évaluation ou plus tard au cours de la thérapie, cependant certains aspects du processus thérapeutique sont élaborés vers la fin de la thérapie et parfois guidés par des émotions et pensées du client lorsqu'il comprend que la thérapie touche à sa fin.

Il est très peu probable que le travail thérapeutique bref, même s'il est basé sur des modèles psychodynamiques, soit préoccupé par des interprétations inconscientes, c'est-à-dire des processus de transfert et de contre-transfert.

Le souhait du client/patient de chercher à clore le processus thérapeutique peut prendre de nombreuses formes et, s'il n'est pas identifié comme faisant partie de l'objectif initial convenu du travail, il peut parfois se manifester par la résistance ou les défenses des clients ou des patients identifiées au cours du processus thérapeutique.

Il est fort probable qu'en cherchant à résoudre ses expériences en thérapie, le client puisse (inconsciemment) recréer ou mettre en scène des expériences similaires dans le travail thérapeutique.

Les interprétations de ces "actes" ou "événements", dans le cadre d'un travail bref, pourraient alors être explorées tout au long du processus thérapeutique et partagées avec le client pour l'aider à grandir et à s'engager.

En fin de compte, le client acquiert une grande quantité d'informations sur lui-même, réajuste (si nécessaire) son sens du soi et ses perceptions du monde qui l'entoure et de sa relation avec les autres.

Le concept d'aboutissement est puissant et fait partie d'un terrain psychologique de pratique avec des moyens illimités d'approche et d'applicabilité.

Il comporte des éléments d'intolérance à l'incertitude ou de résilience face à l'ambiguïté (formes de connaissances floues), un aperçu clair des réponses personnelles aux événements et situations classés comme besoin de savoir, ou l'évaluation des niveaux d'anxiété face à l'inconnu, face aux événements futurs et la compréhension de quelque chose de certain, etc. Mais surtout, en acquérant une telle compréhension de soi, le client est simultanément formé, rappelé ou équipé de stratégies d'adaptation ou de différentes manières de percevoir une situation. Il s'agit de comprendre le comportement dans différentes situations et d'appliquer un type de connaissance et de réponse pertinent à cette situation.

Le besoin de clôture ou la recherche de clôture en tant que motivation cognitive - lorsqu'il est exploré en thérapie - peut informer les réponses de soi à l'intolérance à l'incertitude, les stratégies d'adaptation, les relations interpersonnelles avec des personnes importantes et la dynamique de groupe. Il peut être appliqué à la compréhension des moyens et des degrés probables de réaction à des situations spécifiques. En termes plus généraux, un tel besoin d'aboutissement ou le degré de recherche d'aboutissement d'un individu, contient des informations sur les attitudes personnelles et les attributions au monde (connaissances) en général, y compris les perceptions de la différence, le vote électoral, le comportement de consommation, les valeurs et l'engagement dans la réactivité du groupe social. Il a été affirmé qu'il existe des liens clairs entre l'adhésion à des vues centralisées, le désir de savoir et de résoudre l'ambiguïté, et le sentiment d'appartenance. Le besoin de fermeture est une motivation cognitive aussi puissante qu'elle peut exister, et ses liens (s'ils ne sont pas résolus) sont aussi dangereux que jamais.

Réferences

Kruglanski, A., 1989. Lay epistemics and human knowledge. New York: Plenum Press.

CHAPITRE 5 : Évaluation du risque, accès et communication dans les professions de la psychothérapie et du conseil

Cette première partie illustre un processus de réflexion sur les services fournis, avec un accent particulier sur l'évaluation des risques.

Ce processus de réflexion a permis de dresser une liste de questions sur les techniques et les stratégies d'évaluation des risques (associées aux différents services auxquels j'ai participé). Parmi les exemples de prestation de services, citons le ministère de l'Éducation du Royaume-Uni, Student Finance England et plusieurs agences ou organisations en tant que prestataires de services. J'ai également poursuivi ma pratique privée et d'autres engagements et nominations dans le secteur privé et le secteur public.

L'évaluation des risques est devenue primordiale, compte tenu de la variété des services et des prestataires avec lesquels j'étais engagée pour offrir mes services en tant qu'organisation. Il y avait une préoccupation évidente de ma part sur le type de politiques et de directives en place dans toutes les agences impliquées. Vous trouverez ci-dessous une liste de questions et de points d'action.

1. Réfléchissez à la manière dont divers projets peuvent être développés à partir de ce type de travail.

2. Réflexions sur ce qui est en cause dans ce processus et sur les implications économiques, politiques et culturelles plus larges et le financement.

Comment cela me permet-il ou me limite-t-il ?

3. Tout cela peut-il être transféré dans le secteur privé avec des attentes en matière d'emploi, de supervision et de DPC - comment cela peut-il être lié à d'autres projets, par exemple, travailler avec la législation sur l'égalité et les moyens d'accès/références à partir de bas en haut ?

4. Développer des stratégies et des résultats d'apprentissage : former un processus parallèle avec la thérapie.

Qu'est-ce qui ressort et pourquoi - incidents et événements uniques, expériences - qu'est-ce qui a fonctionné en termes de relation et de cadre, qu'est-ce qui n'a pas fonctionné et pourquoi ?

5. Évaluer le service : lieu, financement, modes de communication et d'évaluation, technologie utilisée = tous les systèmes = niveau d'information, niveaux d'accès aux autres services, niveaux et potentiel d'orientation.

Pensez à la singularité, mais qu'est-ce qui peut m'informer à une plus grande échelle ?

Réfléchir aux changements et à l'impact - tout point de développement, le cas échéant, et la formation suivie, pourquoi et comment ?

Réfléchir au niveau et au type de technologie utilisée - principales méthodes de communication - pertinence par rapport aux compétences développées, déqualification et accès ?

Que pouvons-nous utiliser comme mesure des résultats et statistiques concernées ?

6. L'évaluation des risques

Types de compétences et d'expériences pratiques appliquées dans divers contextes - qu'est-ce qui est pertinent et pourquoi ?

L'un des points fondamentaux concernant la santé mentale des clients potentiels assignés par les agences en tant que prestataires de services est que les agences n'ont aucune pratique ni expertise sur la meilleure façon de traiter les références à d'autres organisations potentielles impliquées dans les problèmes des clients, c'est-à-dire les services spécialisés.

Un étudiant avec lequel j'ai travaillé dans le passé considérait que son emploi du temps était très chargé, et il a délégué l'organisation de ses rendez-vous à l'un de ses parents. Cet exemple semble assez extraordinaire en termes d'illustration pratique et pourtant, il peut se produire. Il n'est pas unique dans plusieurs autres aspects pris en compte dans l'évaluation des risques.

La responsabilité du risque, dans de tels cas, incombe à divers points de contact et doit être évaluée.

Dans l'évaluation des risques, l'une des premières considérations est d'identifier les voies d'orientation.

Si le fournisseur agréé, appelons-le Agence 1, n'a pas de voies d'orientation évidentes, des spécialistes désignés traitent toutes les préoccupations.

Une deuxième organisation, par exemple un établissement d'enseignement supérieur, dispose d'une structure permettant au client d'accéder à d'autres services ou aux services dont il a besoin.

Pour un spécialiste ou un clinicien impliqué dans ce processus, l'évaluation des risques implique une reconnaissance immédiate d'un processus complexe d'orientation et la discussion de toutes les voies d'orientation avec son client.

En outre, si le client provient d'un point d'aiguillage, l'évaluation des risques a lieu dans le cadre du devoir de diligence dont bénéficie tout membre du public.

Un autre point à observer dans l'évaluation des risques est lorsqu'un parent, avec le consentement écrit d'un élève client, rencontre un spécialiste ou un clinicien.

Parfois, de telles situations se produisent lorsqu'une agence spécifique introduit un tel renvoi. Dans ce cas, l'agence qui a effectué le renvoi a omis d'évaluer le risque et de suivre le protocole.

Dans les pratiques thérapeutiques, il est peu probable que de tels événements se produisent en raison de la confidentialité et des pratiques fondées sur l'éthique appliquées aux patients adultes.

Dans d'autres formes de contrats, comme le mentorat, j'ai rencontré cette possibilité. Si cela se produit, il faut le traiter avec la même éthique que celle appliquée dans toute autre pratique basée sur le consentement et l'évaluation des risques. En vertu des principes de confidentialité, un tel contact ne peut être autorisé.

L'exemple suivant concerne un contact direct issu d'un contrat de mentorat existant avec un étudiant. La mère de l'étudiant appelle et entame une conversation de la manière suivante :

"Euh... Je ne suis pas sûre qu'*ils* vous aient **dit**..."

En tant qu'expert, vous comprenez alors qu'il s'agit d'une situation potentiellement complexe, alors que l'absence de conseil ou d'explication est le statu quo.

Il s'agit d'un cas négligé avant qu'il ne fasse l'objet d'une évaluation plus approfondie.

Lorsqu'un parent a besoin de ce type de contact avec un tiers et qu'il commence par prendre contact avec un inconnu, cela témoigne d'un haut niveau de détresse et d'un signe de la confiance que cette personne accorde aux systèmes de soutien pour elle-même, sa famille et son enfant.

J'ai estimé que le niveau de confiance dans un tel cas était de zéro au maximum et qu'il évoluait sur un spectre négatif. Cette conversation aurait pu ne pas avoir lieu et la situation aurait été la même, car la règle appliquée par le parent de la cliente dans ce cas était la suivante :

"Peu importe ce que je fais, je n'ai pas réussi à communiquer ce que je devais communiquer, et je dois le communiquer à nouveau, moi-même..."

Cet exemple est l'illustration d'un parent ayant un historique de situations similaires répétitives, multiplié par le temps qu'il lui a fallu pour poser cette toute première question.

Aussi improbable que cela puisse paraître, ce fut une rencontre éducative pour ce parent.

Des situations similaires existent en grand nombre dans des pratiques réelles avec des exemples concrets où les niveaux et les modes de communication sont essentiels : ce qui est pertinent et comment cela fonctionne :

Qui est le client ? Qui sont les agences extérieures et leur implication ?

Tout ce qui précède fait partie d'un exercice de pratique auto-réflexive avec des questions qui s'appliquent à toute personne en pratique et travaillant avec des directives et des cadres éthiques pour la pratique des interventions psychologiques et de la psychothérapie.

Cette évaluation n'est qu'un exemple, et la liste des questions n'est pas exhaustive.

Elle peut être suivie comme un modèle et appliquée indépendamment du niveau d'expérience du praticien ou du stade de sa formation.

Transcription d'un cas impliqué dans l'évaluation des risques.

Transcription d'une session de cas où l'on a discuté de l'évaluation des risques et de la manière dont la communication entre les différents professionnels de la santé peut se faire et se fait en situation de risque. La patiente analysait ses pensées et ses émotions dans le cadre d'un rapport post-incident. La patiente a commencé ses séances en indiquant son désir de démissionner de son emploi et de prendre du temps pour réévaluer ses options en tant que professionnelle travaillant pour le NHS. Le protocole de traitement dans ce cas était la TCC avec une allocation du nombre de séances. Ce qui suit est un exemple de V.A.L.I.D.A.T.E et d'évaluation des risques pour le patient dans la pièce, afin de protéger le patient dans son rôle professionnel.

Clé de transcription :

MD : Psychothérapeute/Madalina Day

P3 : Patient 3

Timecode, Clé, Transcription

00:00:00 MD Ouais. Nous le découvrirons à la fin. J'utilise le (bruit de fond qui se chevauche) de mes entretiens. Le matériel, ...et pour évaluer nos sessions. Et en cas de succès, j'essaierai d'avoir une transcription..... et **[Identificateur] Transcription supprimée**.

00:00:24 P3 Ok, pour y réfléchir, et pour réaliser réellement les choses que je dis.

00:00:26 MD Oui, certaines des interventions. C'est très utile. Mais voyons comment se passe la journée. .... Alors, commençons par le commencement. Un petit retour sur ce qui s'est passé depuis la dernière session.

00:00:41 P3 (Conversations qui se chevauchent) la dernière session, ça fait longtemps. Que s'est-il passé depuis ? (Rires) Je pense que j'ai eu le week-end de libre. Je crois. C'est toujours bien. Mais j'ai un examen la semaine prochaine. Donc, j'ai passé du temps à réviser pour ça. Cependant, je n'ai pas l'impression d'avoir fait beaucoup de progrès. Mais après la séance d'aujourd'hui, je vais aller à la bibliothèque et réviser un peu.

00:01:07 MD C'était l'un des objectifs de votre liste.

00:01:09 P3 Oui.

00:01:09 MD Oui, c'est vrai.

00:01:11 P3 En fait, avec le... un autre objectif sur ma liste était d'essayer de terminer le cours >>>>>>>. Je suis venu hier pour une remise à niveau parce que je n'avais pas fait de formation depuis janvier sur LK mais la journée d'étude a été annulée. Mais heureusement pour moi, j'ai réussi à me mettre en contact avec la personne qui s'occupe de l'enseignement. Et nous... j'ai eu un cours particulier avec elle.

00:01:38 MD Oh, merveilleux.

00:01:39 P3 Ce qui m'a ensuite permis de remplir la majorité des documents que je devais remplir. Maintenant, il ne me reste plus qu'à rédiger tous les documents et à les remettre.

00:01:46 MD Oh, merveilleux.

00:01:47 P3 Ce qui est génial parce que j'ai eu du mal à trouver des gens pour me superviser pendant >>>>>>>>> parce que je travaille dans la communauté. Nous ne donnons pas de >>>> là-bas.

00:01:55 MD Mais c'est un autre objectif atteint. Je veux dire, c'était l'un de vos objectifs.

00:01:57 P3 Absolument.

00:01:58 MD Oui, merveilleux. Donc, c'est lié au travail, mais c'est aussi quelque chose que vous avez ressenti comme une réussite, comme quelque chose d'important pour vous ?

00:02:04 P3 Absolument. Parce que lorsque j'ai rejoint la VVV il y a quelques années, c'était l'un des premiers cours qu'ils m'ont fait faire. Mais je n'ai jamais respecté le délai. Même si j'avais... Je donnais des médicaments à >>>> tout le temps à l'époque et j'étais supervisée pour cela, personne ne voulait signer mon papier disant que j'étais apte à pratiquer parce qu'ils n'avaient pas eux-mêmes signé. Donc, c'était une telle lutte parce que je sentais que c'était un cours que je n'étais pas capable de compléter complètement certains [inaudible 00:02:32].

00:02:33 MD Alors, ça marche ?

00:02:36 P3 Oui. Je veux dire, je dois le faire sur mon propre temps. Mais quand je suis vraiment motivée et concentrée, si je donne... si j'alloue une journée pour faire quelque chose et que je suis vraiment concentrée dessus, alors je pense que je peux y arriver.

00:02:48 MD Alors, qu'en est-il de votre journal d'activité ? Comment ça se passe ?

00:02:51 P3 Eh bien, je dois admettre que je n'ai encore rien rempli. Mais j'ai suivi votre conseil, qui est d'allouer du temps et de s'y tenir.

00:02:58 MD Bien.

00:02:58 P3 Et pour me discipliner un peu plus.

00:03:00 MD Bien.

00:03:00 P3 Donc, je vais voir comment ça se passe aujourd'hui parce que j'ai alloué du temps pour faire des révisions. (Rires)

00:03:04 MD C'est vrai. Donc, nous aurons terminé pour la semaine prochaine ?

00:03:07 P3 Oui.

00:03:07 MD Oui ? Je ne pense pas qu'il soit nécessaire de le faire chaque semaine, tant que vous avez le sentiment d'avoir réussi. C'est aussi comme une expérience. Donc, vous partez, et ensuite, comme vous l'avez dit, oui, c'est ce que je vais faire, que vous y soyez parvenu ou non. Et la façon dont vous y avez pensé, tout ça compte et tout s'additionne. Donc, c'est très bien. Une des choses les plus importantes de la semaine dernière, donc aujourd'hui, ce que j'allais suggérer, revoir votre exemple de situation.

00:03:42 P3 Ok.

00:03:44 MD Et puis comme précédemment, dans la session précédente, lorsque nous avons mis au défi les styles de pensée utiles et inutiles, et que nous avons en quelque sorte… si nous le traçons sur le tableau, je me demandais si vous pouviez répondre à certaines des questions, puis peut-être remonter à…

00:04:03 P3 Ok. Eh bien, j'ai….

00:04:09 MD … et je relie les styles aux pensées réelles, aux pensées négatives et aux situations.

00:04:15 P3 Bien sûr.

00:04:16 MD Et les définir et les mettre au défi, et ensuite avoir des preuves pour et contre.

00:04:24 P3 Ok.

00:04:25 MD Voilà ce que j'avais en tête pour aujourd'hui, en reprenant tous les documents, et en résumant où nous en sommes parce que nous sommes à mi-chemin maintenant. Nous avions donc des sessions JJ. C'est la session OO. Il nous reste les sessions PP. Nous devons penser à la fin en termes de rassemblement et de résumé de tout dans les prochaines sessions TT, et voir ce que nous avons appris jusqu'à présent.

00:04:49 P3 Ok.

00:04:51 MD Cela a du sens ? Oui ?

00:04:52 P3 Mm-hmm, absolument.

00:04:53 MD Et, oui, des suggestions et des commentaires ? Et puis nous fixerons les devoirs pour la semaine prochaine.

00:04:58 P3 Ok.

00:05:00 MD Je ne pense pas que vous devriez revenir en arrière et compléter, vous savez...

00:05:03 P3 Le dernier ? D'accord.

00:05:04 MD ....la dernière semaine.

00:05:05 P3 Ouais.

00:05:05 MD Vous pourriez peut-être écrire dans votre journal, le journal des pensées, ce que vous ressentez à propos de... ?

00:05:12 P3 Ok. 00:05:13 MD ...cette semaine et ce que vous avez réalisé jusqu'à présent comme vous venez de me le dire. Des progrès. C'est très bien.

00:05:17 P3 Oui, (conversation qui se chevauche).

00:05:19 MD Et je me demandais aussi, nous allons jeter un coup d'œil aux valeurs parce que c'est quelque chose que nous n'avons pas...

00:05:27 P3 encore fait, la valeur du travail, et donner la priorité à cela (conversation qui se chevauche).

00:05:30 MD Oui, nous en avons parlé en termes de famille. Et vous aviez cette... liste et ces objectifs dans différents domaines de votre vie. Et je pense que ça va prendre tout son sens si vous regardez la liste...

00:05:45 P3 Ok.

00:05:46 MD ...et puis regardez les valeurs, et allez voir vos priorités, et voyez où vous vous investissez le plus, et peut-être comment vous équilibrez cela et ce que vous apportez de votre vie privée au travail et vice versa.

00:05:59 P3 Ok.

00:06:00 MD Vous savez, cette idée que je vais partir et que je vais tout laisser derrière moi. C'est loin d'être le cas maintenant. Que ressens-tu à propos de cette pensée maintenant ?

00:06:09 P3 Eh bien, j'ai... en ce qui concerne mes voyages et tout ça, j'y ai réfléchi un peu plus attentivement. Et, maintenant, je n'ai plus qu'à réserver. Je sais où je veux être, où je vais aller. Mais je me vois bien revenir, essayer de trouver du travail et m'engager avec la famille. En fait, je ne pense pas qu'ils ne me laisseront pas m'engager pendant mon absence. Mais je veux quand même avoir cette pause parce que c'est…

00:06:33 MD Oui.

00:06:33 P3 …Je pense que ce sera sain pour moi.

00:06:34 MD Mais est-ce que ce n'est pas en quelque sorte en termes différents ?

00:06:36 P3 C'est différent maintenant, oui. Ce n'est pas moi qui fuis tout. C'est moi qui fais une pause, qui vide mon esprit, qui réfléchit à la vie et qui décide simplement de ce que je veux faire avec (conversation qui se chevauche).

00:06:44 MD Oui. Ok, bien, bien. Et je pense… Je suis sûr que d'ici la fin des XXX semaines à venir, vous aurez une idée assez solide, vous savez, très concrète de ce que vous voulez faire, du moins je l'espère,

00:06:59 P3 Oui.

00:06:59 MD Oui ? Ok.

00:07:00 P3 Je dois dire qu'à chaque fois que je vais au travail, je n'arrête pas de penser : "Oh mec, je veux juste donner ma démission maintenant", parce que ça devient stressant certains jours. Mais ensuite, je dois me rappeler : "Non, en fait, j'ai des projets qui sont mis de côté pour OLOLOLOL. Je dois continuer à travailler". Donc, ça, et ne pas simplement ne rien faire pendant un moment.

00:07:17 MD Donc, vous vous sentez….

00:07:19 P3 J'essaie de me motiver pour continuer à travailler, même si certains jours sont vraiment, vraiment stressants. Mais à long terme, je sais que ces journées stressantes vont m'aider à forger mon caractère, et je dois juste essayer de m'en sortir le mieux possible.

00:07:35 MD Oui, tout à fait. Mais rappelez-vous, il ne s'agissait pas seulement de faire face, lorsque nous avons examiné le journal d'activité, et nous avons examiné différents domaines de votre vie pour voir si vous vous sentiez moins isolé, si vous rencontriez vos amis, vos amis de l'université, pour les examens et pour discuter. Vous étiez censé voir un ami la semaine dernière.

00:07:54 P3 Oui, c'est vrai. Beaucoup de mes amies se marient, et elles ont… elles sont enceintes, et ont leurs propres enfants. Alors, j'ai l'impression que lorsque je les rencontre, le travail m'entraîne dans ces conversations. Alors, je finis par parler de [rôle professionnel] ou ils veulent en parler. Souvent, je ne peux pas m'échapper, je ne peux pas séparer ma vie professionnelle de ma vie sociale parce que les gens veulent savoir ce que je fais au travail et faire le lien avec leur grossesse.

00:08:20 MD C'est un point très important que vous venez de soulever. D'une certaine manière, on ne peut pas séparer. Et je pense que c'est l'une des choses que nous avons dites dès le début, le fait qu'un aspect de vous-même et la façon dont vous vous sentez, les souvenirs, les images, les situations que vous ressentez dans la dynamique familiale, que cela va en quelque sorte se reconstruire, le travail. Et je m'interrogeais sur ….. Je sais que vous dites que votre rôle, en tant que professionnel, interagit en quelque sorte avec…..

00:08:54 P3 Ma vie personnelle.

00:08:55 MD Oui.

00:08:56 P3 Oui. Je pense… Je ne peux pas vraiment m'en empêcher parce que je suis de garde. Et donc, même si je suis à la maison, au fond de mon esprit, je pense, 'Oh, à tout moment, je pourrais être appelé au travail'. Je dois donc garder ce professionnalisme en moi. Mais ça devient difficile parce que certains….

00:09:11 MD Vous devez le faire ?

00:09:12 P3 Eh bien, je dis que je… eh bien, parce que je suis toujours de garde, donc techniquement, je suis censée travailler. Eh bien, si on m'appelle, je suis censée travailler. Mais mon esprit ne s'éteint pas parce que je sais que je dois garder mon téléphone sur moi tout le temps et répondre. Même si quelqu'un n'est pas là, mais s'il me donne un coup de fil à 22 heures dans la nuit, je dois quand même répondre à ses questions et lui prodiguer des soins s'il en a besoin. Lorsque je rencontre mes amis pendant mes jours de congé - et comme je l'ai mentionné, beaucoup d'entre elles sont enceintes maintenant - elles apprécient vraiment que je vienne leur donner des conseils et que je leur apporte les soins supplémentaires qu'elles ne reçoivent peut-être pas de leur sage-femme. Et en tant qu'amie, ça ne me dérange pas de faire ça. En fait, j'aime être… j'aime me sentir impliquée dans leur grossesse et leur bonheur. Cela me rend heureuse, d'être impliquée dans le bonheur de quelqu'un d'autre. Mais en même temps, cette partie est acceptable, mais ils veulent aussi entendre parler des choses qui pourraient mal tourner et de celles que j'ai vécues. Et en tant qu'amie, je ne veux pas, vous savez, je suis ouverte à elles sur les choses. Et je ne romps pas la confidentialité, mais je suis ouverte à elles sur les expériences que j'ai vécues. Et puis je suis obligée de penser au travail, aux choses qui se passent au travail. Et bien que j'essaie de tout présenter sous un angle positif car je ne veux pas que mes amies se sentent mal. Parfois, je me sens comme si je ne pouvais pas m'éloigner du travail.

00:10:39 MD D'accord. Eh bien, je pense que c'est une question très, très importante. Et je pense que nous devons l'examiner de la bonne façon. Il y a beaucoup de mais dans ces quelques phrases. Et….

00:10:52 P3 Ok.

00:10:53 MD Est-ce que vous… cela suggère généralement un peu de contradiction et de conflit dans ce sens. Bien sûr, vous êtes heureux de donner des conseils à vos amies du mieux que vous pouvez, et surtout d'être à leurs côtés pendant qu'elles développent et apprécient leurs grossesses. Cela fait donc partie de leur bonheur et de leur joie. Mais de la même manière, vous n'êtes pas forcément à l'aise avec le fait que l'on vous demande le pour et le contre et ce qui peut mal tourner ? C'est tout à fait compréhensible.

00:11:28 P3 Oui. Je veux dire, je dois dire….

00:11:30 MD Et vous pourriez simplement dire : "Je sais que c'est ma profession, mais tu dois te rappeler que je suis ton amie. Et donc, j'aurai une attitude complètement différente… tu devrais avoir… une attente complètement différente en ce qui concerne les conseils que je peux, tu sais, vraiment t'offrir." ? Qu'est-ce que ça donnerait ?

00:11:48 P3 Je veux dire, je suppose… et bien, je suis plutôt une personne honnête quand il s'agit de donner des conseils. Et je suppose que le fait… les raisons pour lesquelles mes amis se tournent vers moi, c'est parce qu'ils ne passent pas assez de temps avec leur propre communauté ………… [ou qui que ce soit qu'ils voient. Donc, je me sens un peu comme… je me sens comme si je voulais leur donner ce supplément parce qu'ils ne le reçoivent pas, en tant qu'amie. Mais je ne vais pas vraiment sortir de mon chemin pour faire quelque chose de plus que cela. Je ne le fais pas. Mes amis sont occupés par leur propre vie (conversation qui se chevauche).

00:12:15 MD (conversation superposée) ….hmmhm pouvez-vous vraiment compenser le service que vous offrez et les connaissances en….

00:12:19 P3 Oh non, je ne peux pas, je ne peux pas parce que….

00:12:20 MD Mais en essayant de le faire…

00:12:22 P3 Oh, oui.

00:12:23 MD …c'est ce que vous faites vraiment, vous savez, c'est ce que vous faites vraiment. Et ce n'est pas forcément conseillé. Il y a une énorme différence entre traiter quelqu'un comme votre patient et traiter quelqu'un…

00:12:36 P3 comme un ami.

00:12:37 MD …en tant qu'amie. Et vous devriez vous demander si vous seriez dans une position où vous devriez vous occuper d'une urgence, si cette urgence serait votre ami, et comment cela va vous affecter.

00:12:51 P3 Heureusement pour moi, aucun de mes amis ne vit dans la zone de… d'opération. Donc, je ne serais jamais appelée à l'accouchement (Rires)

00:12:57 MD Mais également, c'est similaire en termes d'offre.

00:12:59 P3 Ouais.

00:13:00 MD Mais c'est, c'est plus pour moi et pour le but de votre [inaudible 00:13:05], votre compréhension, c'est comment… ces styles de pensée conflictuels sur… et les émotions et les sentiments de ce que vous êtes censé faire. Comme vous l'avez dit, "Je suis heureuse d'aider". Mais il y a tellement de choses que vous pourriez vraiment…

00:13:19 P3 Oui, je sais. La grande partie… la grande partie mais de… de tout ce que je ressens, c'est que je suis obligée puis… enfin, je suis encouragée à réfléchir à ce qui se passe au travail. Et je n'en ai pas envie. Je veux juste, comme, quand je rentre à la maison, si je ne suis pas de garde, alors juste avoir, pour passer à autre chose. Maintenant, (conversation qui se chevauche).

00:13:37 MD Mais c'est difficile pour toi de dire ça à ton ami ?

00:13:41 P3 C'est….

00:13:42 MD Je veux dire, réfléchissons à comment formuler quelque chose comme ça ? Donc, si j'étais votre ami, que je suis… **[Identificateur] Transcript supprimé** et que je me sens différent, et que je veux savoir à partir de maintenant, quel est le pire qui puisse arriver ? Parce que clairement, ça va être… Et c'est juste que vous, pour être dans cette situation, si autre chose, quand vous avez une relation avec un patient plutôt que d'avoir une relation avec un ami.

00:14:14 P3 Un ami, oui. Je sais. C'est très… Je ne sais pas comment… où mettre la limite pour être honnête parce que je ne fais pas d'autres choses physiques comme des choses pratiques avec eux, mais je leur donne des conseils. Et c'est, vous savez, quand c'est votre ami, vous voulez faire encore plus d'efforts que vous ne le faites avec vos propres clients parce que, vous savez, vous avez cette connexion avec eux. Et, vous savez, ils vont être dans votre vie pendant beaucoup, beaucoup plus longtemps que vos clients. Donc….

00:14:41 MD Mais en ce qui concerne votre devoir de diligence (conversation qui se chevauche).

00:14:43 P3 Oui, le devoir de diligence, je… eh bien, parce que je ne leur prodigue pas réellement de soins, ils ne sont pas sous ma responsabilité. Donc, ce sont juste des amis. Ils ne vont même pas avoir un bébé en… **Transcript supprimé**

00:14:50 MD Oui.

00:14:51 P3 Je n'ai pas l'impression d'avoir de réelles responsabilités envers eux [inaudible 00:14:57].

00:14:57 MD Eh bien, c'est, d'une certaine manière, vous offrez le conseil...

00 :15:00 MD C'est en quelque sorte... mhmh vous offrez le conseil mais vous n'avez pas de responsabilité clinique pour cela...

00 :15:07 P3 C'est ça, ouais, donc le conseil que je donne devrait être du point de vue d'une amie mais évidemment parce que je suis une... ils demandent ahm...

00 :15:16 MD Un spécialiste ?

00 :15:19 P3 Oui, plus de conseils spécialisés, ... [pause] ehmm c'est très difficile... oui... je dois trouver l'équilibre...

00 :15:21 MD Oui, mais c'est aussi une pression

00 :15 :23 P3 Oui. Mm

00 :15:26 MD C'est une pression, et ce n'est pas nécessaire parce que vous ne pouvez pas vraiment prendre en charge les soins communautaires pour tout le monde, y compris en impliquant vos amis, et il y a des gens qui jouent ces rôles là dehors et qui... hm... peuvent certainement [pause...] D'une certaine manière, je pense à ce que vous ressentez, je veux dire ... vous savez ?

00 :15 :46 P3 Ouais, ... je veux dire... hmmm... je préfère... bien, pour être honnête avec mes amis, ça ne me dérange pas tellement parce que même si je n'étais pas... même si je.... Mon amie n'était pas enceinte et qu'elle me le demandait, eh bien, oui, comme vous le savez, vous dites à vos amis des choses dont vous ne parleriez pas à vos collègues, donc quand mes amies me demandent des nouvelles du travail, je leur parle de ce qui se passe et... si elles sont enceintes ou non, donc je pense qu'avec les amies enceintes, elles entendent juste un peu plus parce qu'elles sont enceintes... hmmm [rires nerveux].

00 :16:16 MD Okey.... [Pause]

00 :16 :17 P3 ...Mais je dois trouver l'équilibre sans aucun doute et je dois l'essayer .... C'est difficile... je suppose... [pause] Je suis un tel livre ouvert.... pour être honnête, comme si je... [rires] ...je peux me répéter encore et encore à différents amis... et j'essaie de ne pas retenir les choses, ... J'ai l'impression que si je retiens les choses, ça me tue intérieurement...

00 :16 :33 MD Mhmh [reconnaissance]

00 :16:38 P3 Ah... alors je suis très ouverte sur mes émotions quand... [0]

[01.00.00]

Fin de la transcription

Pourquoi l'accès et la communication sont essentiels aux rencontres thérapeutiques.

Je viens de terminer un bref appel téléphonique avec un client. C'est le week-end, samedi matin. L'appelant s'excuse d'appeler le week-end et c'est compréhensible. Toutes les crises de santé mentale nécessitent un accès urgent, un appel à l'aide qui n'est pas prescrit uniquement aux heures de service.

Tout clinicien peut déterminer l'urgence d'un tel appel à l'aide et une analyse sur la nature de la demande peut avoir lieu en quelques secondes. Un contrat est noté au moment de l'appel. Si le clinicien ne fait pas référence à des termes spécifiques, cela signifie qu'un contrat n'est pas *entièrement établi*.

Il arrive qu'un client insiste : "Je veux vous dire quelque chose !". Aussi bien intentionné que cela puisse paraître, si un accord n'est pas énoncé, le client communique en dehors du cadre.

Les cas où l'on pense que le déchargement est efficace en l'état, avant que le principe de confidentialité ne soit communiqué par le clinicien, sont des situations problématiques. La confidentialité - l'une des caractéristiques les plus importantes de tout contrat thérapeutique, si elle n'est pas énoncée par le clinicien, tout déchargement de ce type sort du cadre professionnel.

Un clinicien peut "traiter" un client potentiel comme un client potentiel indéfiniment, notamment s'il y a une question de préservation. Ce n'est que lorsqu'un clinicien est payé et que toutes les formes contractuelles sont reconnues et acceptées verbalement que le clinicien est tenu à la confidentialité et que tout matériel concernant le client doit être consenti.

Les exemples ci-dessus sont importants, surtout dans le cadre de la prestation de services sans rencontre directe. Les clients doivent s'assurer que leur communication est formalisée. Dans les professions psychothérapeutiques, il n'y a aucun moment qui puisse être interprété comme "hors cadre". Il n'y en a pas, sauf si cela est clairement indiqué avec une rencontre de suivi convenue et payée à l'avance. Le client peut être en dehors du cadre, mais l'interaction ne l'est pas, d'où le temps de contact.

Une recommandation préalable est toujours nécessaire pour qu'un clinicien puisse contacter un client potentiel. Les principes éthiques et les bonnes pratiques des professions psychothérapeutiques ne permettent aucune exception à cette règle.

Les cliniciens peuvent recevoir des recommandations de diverses organisations ou de leurs pairs, et une telle pratique ne peut se faire qu'avec la connaissance et le consentement du client.

Les recommandations ne signifient pas que les cliniciens appellent au hasard des membres du public avec une offre : *"Nous offrons des services de santé mentale, venez pour une séance"*.

De tels événements seraient classés comme contraires à l'éthique, et si cela ne correspond pas à votre expérience, vous avez le devoir de signaler de telles pratiques comme des actes discriminatoires. Si de tels appels font partie de la prestation de services du NHS, ils restent discriminatoires. En vertu de la loi sur l'égalité de 2010, tout membre du public peut porter une telle affaire devant les tribunaux.

Un client ne devient un client que par le biais d'un consentement et d'une action volontaire - surveillez avec beaucoup de prudence cette dynamique car, sinon, on peut devenir vulnérable à ses propres actions.

Si j'étais un client, je n'accepterais pas les premières séances gratuites (dans le cadre de soins privés), même si elles sont proposées avec beaucoup de soutien à l'esprit, car dans tout ce qui constitue un cadre thérapeutique, il n'y a pas d'aspect de *travail thérapeutique gratuit*. Votre clinicien peut l'envisager parce qu'il est conscient de l'existence de crises à des moments précis, mais d'un point de vue éthique et de bonne pratique, aucune communication n'est "sûre" à moins d'entrer dans un accord contractuel, et cela n'arrive que lorsqu'un client reconnaît les services et paie. Un client peut réfuter ces faits, mais le matériel du client n'est pas le matériel du client, mais celui du clinicien, à moins que l'accord ne soit consensuel et déclaré.

L'*accès et la communication* signifient qu'il n'est jamais possible d'accéder à un clinicien à un niveau personnel, car l'accès, du point de vue du clinicien, est lié à la publicité de ses services. L'accès signifie également qu'un client donne libre accès à un clinicien et si la communication n'est pas immédiatement convenue et suivie d'un contrat - un appelant devient un client qui n'a aucun droit au cadre de confidentialité, sans parler de l'assurance ou des responsabilités.

Parfois, les clients sont orientés par différents portails - il peut s'agir de compagnies d'assurance, d'orientations vers des cabinets privés, du NHS, etc. Si le clinicien vous contacte en sa qualité de clinicien/psychothérapeute, etc., cette communication est une rencontre thérapeutique. Si le clinicien ne vous contacte pas en sa qualité de clinicien, sa communication n'aura absolument rien à voir avec vous, si ce n'est ce que le clinicien détermine comme nature de la relation.

Il n'y a absolument aucun cas où la détermination d'un clinicien peut être ré/interprétée ou remplacée par un cadre différent. Jamais. Si un clinicien contacte un autre clinicien et qu'il y a un accord déclaré quant à l'appel et à la collaboration - seulement lorsqu'une telle collaboration est acceptée en tant que processus - peut-être qu'une telle rencontre peut être réévaluée comme une collaboration mutuelle avec des périodes de temps indiquées pour le développement et la compréhension -

mais si le langage clinique est toujours en désaccord - les cliniciens individuels peuvent en fait être complètement en désaccord sur l'échange, et former des interprétations personnelles sur leur rencontre. L'aspect le plus important de l'illustration ci-dessus est la question de savoir si, au début de la relation, il existe une position clinique égale. Par exemple, psychothérapeute avec psychothérapeute : lorsqu'il y a un tel équilibre, alors c'est une position convenue, et tous les participants ont accès à la communication et à l'interprétation. Si la relation commence comme clinicien et client, le client n'a pas accès au matériel du clinicien formé sur le client si le client est entré dans cette relation sans accord. Lorsqu'un client n'est pas un client et le déclare, le client doit montrer et prouver pourquoi il a contacté le clinicien et si les deux parties étaient d'accord.

Un clinicien n'a pas de vie personnelle, sauf la famille et les amis, qui se situe en dehors du cadre et toutes les autres communications sont professionnelles. Et même dans la vie personnelle, le clinicien a accès à sa formation et toutes les rencontres vont être évaluées en conséquence et une affaire personnelle va devenir une affaire professionnelle si elle implique une évaluation des risques et un risque de préjudice.

Un clinicien est toujours un clinicien, sauf s'il s'agit d'un clinicien qui décide lui-même que dans certains cas spécifiques, il s'agit plus d'un sentiment de soi que d'un autre clinicien formé. La connaissance et l'accès à cette connaissance, l'expérience pratique sont toujours disponibles. C'est un fait.

Cet écrit a pour but d'aider les clients et toute personne intéressée par la profession de psychothérapeute ou de conseiller avant qu'ils ne fassent cet appel et ne veuillent dire quelque chose de rapide... *"votre communication doit commencer par une demande d'accord"*.

CHAPITRE 6 : Que se passe-t-il en thérapie dans des circonstances sociopolitiques et économiques extraordinaires ?

Que se passe-t-il en thérapie lors de troubles politiques et économiques : principaux liens ?

Déclaration de divulgation : le récit suivant est une histoire fictive avec des événements et des personnages produits dans le but de présenter diverses réalités jouées dans plusieurs contextes psychothérapeutiques sur une période de sept ans. Il serait impossible de reconnaître et d'attribuer les événements et les personnages car ils n'existent pas. Ce qui existe, ce sont les analyses et les ressources citées disponibles dans le texte et dans la bibliographie. En termes psychothérapeutiques, les contextes politiques et économiques sont rarement avancés comme sujets centraux de discussion, car ils peuvent en effet faire partie du monde intérieur du client.

Il y a quelques années, alors que je consultais pour un service psychothérapeutique à London Bridge, l'un de mes clients avait attiré mon attention sur une crise sociétale externe qui devait inévitablement être discutée comme une affaire personnelle plutôt que comme un événement externe affectant la vie de nombreuses personnes.

Depuis cette occasion, j'ai toujours gardé à l'esprit la question de savoir comment de telles questions sociétales et politiques externes plus larges sont abordées en thérapie comme une forme de crise particulière du client.

À peu près à la même date, dans une autre partie de la ville et dans un autre service, une autre patiente avait des préoccupations similaires : des facteurs externes de crise infiltrés ou imprégnés dans sa thérapie comme une forme de crise personnelle.

De tels événements ne sont pas inhabituels dans leur rencontre et, en thérapie, l'expression d'un conflit interne peut prendre de nombreuses formes, ouvrant des possibilités d'interprétations - d'une similitude générale à un cas plus idiosyncratique qui nécessite un examen plus approfondi avec le patient.

Une analyse récente, publiée dans divers forums de thérapie et de psychologie, indique comment une crise nationale (politique et économique) telle que le Brexit a affecté l'état mental de la population adulte britannique, un tiers des participants adultes signalant un impact sur leur santé mentale (BACP, 2019 ; BPS, 2019).

De même, il existe divers rapports sur la santé mentale et le terrorisme cherchant à fournir des évaluations plus profondes fondées sur des preuves sur les liens entre la santé mentale et le terrorisme et d'autres recherches sur les statistiques du terrorisme en Grande-Bretagne (House of Commons Library, 2018) qui, lorsqu'elles sont consultées, peuvent offrir un grand compte rendu statistique et historique.

Après une recherche rapide de documents universitaires sur la maladie mentale et le terrorisme, il était tout à fait évident que ce que l'on peut trouver sont plus de questions que de réponses.

J'ai commencé à écrire avec une certitude basée sur diverses expériences et seulement après avoir accédé à de nombreuses ressources, des documents de recherche académiques principalement, j'ai réalisé que ma confiance est maintenant neutre ou basée sur la connaissance.

On pourrait dire qu'une telle neutralité signifie qu'il n'y a plus d'opinion qui puisse être exprimée. Il semble que le sujet d'exploration que je m'étais proposé ait cessé d'être expérientiel et qu'il s'inscrive désormais dans un cadre de neutralité et de compréhension où tout ce qui représente le monde réel reste le monde réel. Il est également tout à fait évident que toutes les réflexions futures sur ce sujet appartiennent à un espace thérapeutique et que les séances thérapeutiques avec les clients, quand elles font partie des difficultés proposées, et si elles en font partie.

Références

BACP (2019). One third of adults say Brexit has affected their mental health, BACP research finds. [en ligne] Disponible sur : https://www.bacp.co.uk/news/news-from-bacp/2019/11-april-one-third-of-adults-say-brexit-has-affected-their-mental-health-bacp-research-finds [Consulté le 6 Nov. 2019].

BPS (2019). Psychology across borders and the impact of Brexit | BPS. [en ligne] Disponible sur : https://www.bps.org.uk/blogs/chief-executive/psychology-across-borders-and-impact-brexit [Consulté le 6 Nov. 2019].

https://www.bps.org.uk/blogs/european-semester-psychology-2018/existential-and-emotional-impact-brexit. Forbes (2019). Mental Health and Terrorism: What Are the Links? [en ligne] Disponible sur : https://www.forbes.com/sites/nikitamalik/2019/01/03/mental-health-and-terrorism-what-are-the-links/#7f66c73026dc [Consulté le 6 Nov. 2019].

Researchbriefings.files.parliament.uk. (2018). Terrorism in Great Britain: The statistics. House of Commons Briefing Paper 7th of June 2018 [en ligne] Disponible sur : https://researchbriefings.files.parliament.uk/documents/CBP-7613/CBP-7613.pdf 203 [Consulté le 6 Nov. 2019]. Contains public sector information licensed under the Open Government Licence v3.0 accessible at https://www.parliament.uk/site-information/copyright/open-parliament-licence/

Le cas du Brexit : La liberté et ce qu'elle signifie en termes thérapeutiques

Le texte ci-dessous est un extrait d'un cas dans ses propres mots. Le consentement a été donné pour la publication.

"...Mon père possède un vignoble, dont une partie des terres lui vient de ses ancêtres - la plupart en fait, à l'exception de ce qui a été donné à l'État dans les années 1960, lors de la réforme agricole communiste, et après, et encore après. Mon père s'est efforcé de transmettre une tradition, un héritage, mais il n'a pas eu beaucoup de chance car il a eu deux filles, mais aucune n'était intéressée par l'industrie vinicole, sauf pour leur consommation personnelle. Je réfléchis maintenant à la manière de négocier avec lui un contrat de départ et cela me semble difficile. Depuis des années, mon père a dû engager d'autres personnes pour travailler la terre et assumer certaines règles de sous-traitance. J'ai l'impression qu'un tel scénario est un moment qui perdure dans de nombreuses vies - lorsque les traditions, l'héritage et bien d'autres choses sont des réalités de la vie. Décembre 2020 est un mois difficile pour le Royaume-Uni, vous lisez les nouvelles de la négociation sur quelque chose qui a été convenu depuis longtemps et puis on se demande : comment ce message final va-t-il être mis en lumière ? Les gens veulent (un peu) de vote électoral sur une réforme, mais est-ce que quelqu'un comprend vraiment ce qui l'accompagne ? Je ne suis pas sûr que l'on puisse se mettre d'accord à ce point. Une décision collective est en place et ce qui vient ensuite, ce sont les détails sur la meilleure façon de mettre en œuvre une telle demande - comment céder et ne pas céder. Et si c'est la question principale, alors peut-être qu'une reformulation de cette question est de céder et de demander une cession. Tout est taxé et lorsqu'il s'agit d'un commerce national sur un territoire national, tout est taxé, et en tant que tel, peut-être que la grande question ne devrait pas être celle d'une guerre de contrôle, mais celle d'une négociation sur les gains. La liberté, conceptuellement, c'est à peu près la même chose. Je me suis tellement battue pour dire à mon père qu'il devait reconsidérer sa façon de s'occuper de son héritage : il ne peut pas faire ce qu'il faisait il y a 50 ans ou même 10 ans, il doit trouver un moyen approprié qui lui permette de vivre sa retraite et de continuer à avoir le sentiment de se battre pour son héritage. Pour ma part, je peux lui dire que j'ai une grande estime pour la fabrication du vin et que je suis en quelque sorte éduquée à la dégustation du vin - mais pas en tant qu'experte au-delà des eaux européennes. La liberté n'est pas une question de contrôle, de persistance ou de ténacité. La liberté consiste à reconnaître les ajustements et ce qui est le mieux à un moment donné. Je ne bloquerais pas les discussions du Brexit avec des échanges sur les eaux et les pêcheries du territoire britannique, je les adapterais à des discussions sur les taxes au gouvernement britannique de tout ce qui est situé dans un tel territoire. Le fait d'échanger des pourcentages de revenus et de recettes ne correspond pas à ce que le référendum de sortie a indiqué en premier lieu. Suis-je fière de cela ? Non, je ne le suis pas. Mais puis-je aller à l'encontre ? Non, je ne le peux pas. Parce que la volonté du peuple ne devrait pas être remise en question, sauf lorsqu'il y a une menace pour la vie et qu'une loi va à l'encontre des moyens de subsistance des hommes et de l'humanité. Suis-je contre un second référendum pour l'Écosse ? Non, je

ne le suis pas. Et, s'il y a une indication suffisante que c'est ce qui mérite de se produire, alors personne ne devrait l'arrêter ou intervenir. Jamais. Nous avons l'histoire à lire encore et encore et plus nous lisons, encore et encore, plus nous pouvons comprendre. Vingt-sept pays (UE) sont puissants, mais le vote des Britanniques a parlé - et c'est ce qui compte maintenant. Il est futile de dire que nous ne pouvons pas compter les poissons dans notre eau, et que nous devons nous mettre d'accord sur les négociations de tous les autres aspects qui sont impactés, mais vous ne pouvez pas jouer à des jeux stupides avec le vote du peuple. Du choix - suffisamment. La Grande-Bretagne a eu une chance - il est maintenant temps de la saisir - quoi qu'il arrive. Il ne s'agit pas de pourcentage et de négociation, il s'agit de couper les liens et de former complètement des nouvelles règles . Mon père possède toujours les vignobles, et mes souvenirs d'enfance sont merveilleux, mais est-ce que je dirais à un septuagénaire de continuer parce que je ne te suivrai jamais ? Je ne le ferais pas. La liberté, parfois, et toujours en thérapie, signifie lâcher prise ! La vie est un flux, et tout le monde a besoin d'y puiser. La résistance ne permet de gagner qu'un temps court et inutile, préjudiciable à tous. Faites-vous confiance, toujours. Si c'est un **oui**, suivez le oui. S'il n'y a jamais eu de oui, résistez et battez-vous pour le changement. Lorsque je ne suis pas d'accord avec une décision, et que j'avais le choix juridique de la reconnaître ou non, je ne lâcherai jamais prise. Je ferai en sorte que ma mission dans la vie soit de ne pas lâcher prise. Mais s'il s'agit d'un vote électoral sur le choix de millions de personnes, ne devenez pas un incompris, adaptez et ajustez et comprenez ce qui n'a jamais été compris auparavant. Je suis de double nationalité, et je sais **où** je suis accueillie et où **je ne le suis pas**. La liberté ne consiste pas à résister à une majorité mais à combattre la criminalité lorsqu'il y a une application des droits de l'homme fondamentaux - et les lois humaines sont faites par les humains, encore et encore et encore - on les appelle des précédents. Mon souhait de janvier 21 est de rendre visite à mes amis étrangers sans avoir à emporter trois types de passeports, mais un seul et unique passeport et de porter mon sourire. Facile, non ?

Le cas du COVID-19

La couleur du printemps : Évaluation des services, une application

Dans l'après-midi du 13 décembre 2019, mon esprit est revenu sur un dilemme environnemental : "*la tragédie des biens communs*". Développée par Garrett Hardin, un scientifique écologique, *la tragédie des biens communs* a été publiée pour la première fois le 13 décembre 1968.

Mon intention dans ce chapitre est de faire référence à quelques rencontres professionnelles autour de l'incertitude et de la tragédie des biens communs. Ce faisant, j'espère inviter les lecteurs à réfléchir (aussi) aux similitudes potentielles de ces deux bases conceptuelles et mettre en lumière les aspects positifs de ces réflexions.

La pratique psychothérapeutique naît d'expériences théoriques et pratiques. Chaque session ajoute une meilleure compréhension à un concept et le développement professionnel a lieu.

La théorie de *la tragédie des biens communs* prétend comprendre qu'en ne pensant pas seulement à un seul mais à tous, tous ont une plus grande chance substantielle de réaliser et de changer.

La tragédie des biens communs se déroule à tous les niveaux, mais ce qu'elle a au cœur ou à l'essence, si vous voulez, ce sont les possibilités et la potentialité : l'essence de l'être humain. "Focalisé mais pas aveugle" (Klemmer, 2008, p. 76), voilà ce que signifie la compassion et le développement d'une pratique réflexive.

La pratique de la conscience de soi est une façon d'être pour tout praticien. En ce qui concerne les situations de changement telles que l'obligation de travailler à domicile ou de restreindre sa vie sociale, qui sont sans précédent, nous pouvons également reconnaître que ce qui se passe a une singularité dans le monde entier.

Tout le monde et tout le monde change : les informations, la vie quotidienne prennent une nouvelle forme au fil des jours. Vivre avec l'incertitude du lendemain, avec la responsabilité de sa vie et de celle des autres à chaque instant et quotidiennement, fait partie de la vie.

Pour de nombreux patients, ces événements sont, dans une certaine mesure, la normalité. Dans certaines situations, la résolution et les stratégies constituent une nouvelle façon d'avancer. Pour beaucoup d'autres, les circonstances extraordinaires peuvent sembler aussi monotones et étant tout à fait l'inverse de ce qu'ils ont ressenti comme une constante. C'est un fait que le temps a une signification différente lorsque des transitions comme celle du COVID-19 se produisent. Il n'y a pas de questions sur le type de perturbations que cela peut créer, et peut-être y a-t-il maintenant aussi du temps pour la réflexion. Le plus important est peut-être de prendre le temps de voir ce que chaque jour apporte de nouveau. Qu'est-ce qui manque le plus à la journée précédente, à l'expérience ?

Voici quelques-unes des questions clés que l'on peut se poser :

1. Quelles associations pourrions-nous faire ?
2. Que pouvons-nous prévoir par rapport aux expériences/situations précédentes ?
3. Comment s'appliquer soi-même à de telles situations nouvelles ?

Au cours des premières semaines du confinement du COVID-19, un aspect du travail a augmenté plutôt que diminué : la sensibilisation.

Les réflexions et l'évaluation des services sont essentielles. Combinée à des circonstances sociopolitiques et économiques extraordinaires, la pratique réflexive a amené de nouveaux facteurs à prendre en compte, à savoir le travail à distance et les cadres de travail, la pratique privée, l'apprentissage et l'adaptation à de nouvelles situations.

Il y a quelque temps, j'ai envisagé des changements potentiels dans le type de thérapies offertes et les modèles psychothérapeutiques employés.

Le confinement du COVID-19 a permis une telle évaluation avec certains des résultats discutés ci-dessus et d'autres caractéristiques mentionnées au chapitre 5 sous les rubriques *Évaluation des risques liés aux services* et *Accès et communication en psychothérapie*.

Références

Hardin, G., 2009. The Tragedy of the Commons. Journal of Natural Resources Policy Research, 1(3), pp.243-253.

Klemmer, P. (2008). The compassionate Samurai: Being extraordinary in an ordinary world. California, New York, London, Sydney. Hay House Inc.

L'écrit suivant a été proposé comme une interprétation de la manière dont la situation du COVID-19 pourrait et peut être interprétée en psychothérapie et comment une telle situation sans précédent affecterait les services proposés.

Freud et le COVID-19 en conversation

Je propose une annonce de sécurité COVID-19 en créant une conversation en termes thérapeutiques sur la façon dont Freud répondrait à cette situation extraordinaire, donc *Le COVID-19 en conversation avec Freud : une interprétation.*

Je suggère également qu'il serait mérité de penser au COVID-19 comme quelque chose d'invisible, un champ de mines si vous voulez et pourtant, aussi comme une nouvelle pour une conscience qui dirigerait le comportement civil, social et normatif, recréant peut-être des normes sociales accessibles à tous.

Il y a des sujets tabous (c'est aussi le mot préféré de Freud) partout et l'un d'entre eux permet de garder une nation en sécurité.

Ces sujets ne font jamais l'objet d'une conversation publique, et ne sont donc jamais visibles ni viables pour la discussion.

Qu'est-ce que nous reconnaissons comme étant la principale menace pour le Royaume-Uni ? Et à quel niveau ? Est-ce le COVID-19 ou est-ce quelque chose de différent ?

Selon l'opinion (actuelle) de chacun, y compris la mienne dans une certaine mesure, un système de santé pour tout pays, toute organisation et tout individu, un système de défense est une réponse, mais ce n'est que ce qui est visible et, à bien des égards, une façon très égoïste de considérer une situation.

Il serait similaire de décrire une société qui sacrifierait sa première ligne de défense, alors que certains d'entre nous, des segments de la population, vont prendre le poids de ce à quoi nous sommes tous confrontés.

Dans une certaine mesure, cela a été le cas pendant de nombreuses décennies et le NHS a grandi dans sa résilience depuis aussi longtemps que je le sais. Mais jamais jusqu'à présent de telles reconnaissances n'étaient devenues apparentes. La vie de beaucoup de gens qui se battent pour la vie de tous est maintenant une reconnaissance tangible.

Selon l'approche humaniste de Maslow, les besoins de survie sont les besoins les plus fondamentaux : le logement/la maison, l'exercice, les services de santé, la nourriture et le plaisir dans les limites de la maison. Nous pouvons décrire tous ces besoins comme des besoins fondamentaux, mais seulement à un niveau de compréhension. La structure forme et contient les besoins fondamentaux et les besoins sont et vont au-delà du besoin fondamental de survie.

Il existe de nombreuses personnes et situations pour lesquelles ces besoins sont satisfaits, y compris tout ce qui est nécessaire à des moments précis. Quelqu'un pourrait conceptualiser l'environnement de différentes manières : intérieur, extérieur - toutes avec des significations différentes.

Ce n'est pas d'une approche psychologique humaniste dont il va être question ici, ni d'une approche centrée sur la personne, ni d'une compréhension cognitivo-comportementale.

Cet écrit a décidé qu'il serait préférable de considérer le point de vue de Freud et d'engager une discussion sur la situation actuelle du COVID-19.

Qu'est-ce que nous combattons ou gardons à distance ? Et pour combien de temps ? S'agit-il d'une compréhension de la façon dont nous sommes tous affectés/responsables les uns des autres, nous affectant nous-mêmes et le monde tout autour ou au sens large ? Est-ce le COVID-19 ? Ou tout ça ? Ma compréhension de la politique est limitée, mais je suggère un retour à une nouvelle compréhension, ou sa planification, de ce que signifie être humain, en particulier lorsqu'on est confronté à l'adversité. Peut-être que comprendre toutes les réponses potentielles à cela pourrait s'avérer plus éclairant pour répondre à notre quête.

"Ne jamais céder. Ne jamais céder. Ne jamais, jamais, jamais, jamais - à rien, grand ou petit, grand ou mesquin - ne jamais céder, sauf aux convictions d'honneur et de bon sens" (Churchill, W.).

Mais ce n'est pas Freud, c'est Churchill et oui, les nouvelles d'aujourd'hui peuvent donner l'impression que l'humanité est en guerre, mais avant de l'affirmer, pouvons-nous tous prendre du recul par rapport à ces nouvelles et nous demander à quoi nous sommes confrontés ? Luttons-nous contre la démocratie ? Luttons-nous contre l'hystérie ? Luttons-nous contre un système qui s'est avéré vulnérable aux convictions de foi et de destin ? Luttons-nous contre un virus ? De quelle provenance ? De la nature ? Freud suggérerait que nous combattons notre désir de vivre, perdu depuis longtemps.

Pour en revenir à la citation de Churchill, il est peut-être trop tôt pour faire des commentaires à ce sujet, et comme je ne suis pas une politicienne, je préfère revenir à un récit historique de ce qui me semble le plus logique, la science : La psychologie, la neuropsychologie, les études sociologiques et anthropologiques et tous les processus inter et intrapsychiques qui doivent encore être résolus par et dans la recherche d'un remède aux mécontentements (reconnus dans la temporalité et la localité) de notre civilisation.

Ou est-ce le plaisir/la vie et la mort en principe que nous combattons ou que nous avons à nos côtés ?

Je ne suis pas sûr que nous puissions répondre à cette question, sauf que Freud aurait pu nous inciter à analyser les réponses initiales comme étant des réponses primitives, d'où l'isolement, le stockage, etc. en nombre de lits et de ventilateurs comptés pour chaque région de l'hémisphère nord, qui, à une date ultérieure, ont trouvé une réponse différente en créant une structure temporaire, des lits d'hôpital, la société s'organisant dans son ensemble et à l'unisson pour répondre aux besoins de différents types et aux considérations de différents segments de la population, et une compréhension croissante de ce qui est le plus nécessaire.

La compréhension la plus importante de tout cela est peut-être celle d'un processus de développement et d'évolution à partir des besoins de base pour répondre à d'autres et à de nouveaux besoins, dans le monde entier et dans chaque partie du monde.

Les convictions d'honneur et de bon sens... c'est bien aussi, mais seulement si elles sont fondées sur la reconnaissance du fait qu'il s'agit d'un pour tous et d'un qui risque tout pour nous tous. Je suppose qu'avec le pouvoir de Freud ou du COVID-19, nous sommes tous vulnérables mais certains d'entre nous peuvent montrer qu'il n'y a pas de temps pour penser mais pour agir.

Ainsi, Freud peut se poser de nombreuses questions en repensant aux actes désintéressés et à leur origine, à mon avis, et ce qui me vient à l'esprit, c'est l'intrépidité et la bravoure dans la défense des convictions, quoi qu'il arrive, et cela se traduit par le bon sens.

Remarque :

Mon allégeance n'est pas freudienne et je ne m'aligne pas sur les conceptions politiques énoncées dans le puissant discours de Churchill.

J'ai reconnu et réfléchi à la manière dont la pandémie a filtré à travers tous les aspects conscients et potentiellement inconscients de la vie, de chacun d'entre nous à la société et au monde en général.

Il s'agit d'une interprétation, et je n'ai pas l'intention de simplifier une période sans précédent, mais peut-être d'examiner les événements possibles à venir comme catalyseurs d'une pandémie mondiale.

L'idée principale était de savoir si le monde se rassemblera dans l'unité, ou si le monde se fractionnera dans sa conscience, inconsciemment. J'étais également consciente qu'en faisant référence à la fois à Freud et à Churchill, l'écrit serait contesté non seulement pour avoir fait appel aux mécontentements ou aux critiques de Freud et de Churchill - colonialisme, racisme, déterminisme et pas le moins du monde une critique significative des méthodes (non-)scientifiques de Freud. L'écriture reconnaît tous ces aspects et perspectives, néanmoins ce qui était proposé s'est produit. La démocratie et le Covid-19 ont été associés tout au long de la première année de la pandémie et pas seulement au Royaume-Uni. Des événements survenus dans le monde entier ont confirmé ces associations.

Mais peut-être qu'une société démocratique est toujours un but à atteindre et un processus de développement continu plutôt qu'un objectif final. De même, les questions relatives à des mouvements tels que *Black Lives Matter* sont des reconnaissances tangibles de la lutte continue pour atteindre l'égalité, l'équité et la justice.

Références

Churchill, W., 2007. Winston Churchill's speeches. London: Pimlico. Kline, P. (1984). Psychology and Freudian Theory. An Introduction. London & New York: Methuen & Co. Ltd

CHAPITRE 7 : Créer un blog de thérapeute : *L'apprentissage reste avec moi.*

Le blog d'un thérapeute : Ce que j'ai appris et pourquoi je l'ai appris.

La demande

En 2019, un client m'a contacté par le biais d'un formulaire de contact d'un annuaire de conseil et m'a demandé si je pouvais fournir des séances en ligne. L'appel du client était assez spécifique, pour une communication en ligne ou des courriels seulement. Cette demande était assez unique à divers égards et en termes de ce que l'on attendait d'appliquer comme cadre psychothérapeutique sûr. Non seulement ce client n'était pas physiquement basé au Royaume-Uni, ni en Europe d'ailleurs, mais le souhait du client de procéder à une thérapie uniquement par le biais d'une communication écrite par e-mail était également considéré comme à haut risque. Comment un tel travail thérapeutique pourrait-il s'aligner sur le cadre de pratique de la British Association of Counselling and Psychotherapy (BACP) et sur ma propre adhésion aux principes de bonne pratique ? Mais ce n'est pas tout ce que je suis dans la totalité de ma pratique - je viens d'un lieu d'apprentissage qui est interculturel et mondial. Ma base de connaissances n'est pas confinée à l'hémisphère nord ou à une école de pensée occidentale. La demande et le blog ont été a) pris en compte et b) menés à bien.

Début 2019 semble maintenant être une période relativement longue avant le COVID-19 ; une époque où mon concept de sessions **en ligne ou à distance** ne signifiait que de très rares appels téléphoniques avec des clients et patients existants engagés dans une thérapie individuelle.

Cet appel a donc constitué un grand défi pour moi. Mon profil d'annuaire spécifiait clairement que je proposais des séances en ligne, avec des significations claires quant à ce que cela signifiait en termes de pratique. C'est du moins ce que je pensais. J'ai réfléchi assez profondément à cette question : quelle pourrait être la bonne réponse et réaction et pourquoi.

Le cadre de bonnes pratiques de la BACP est très clair dans ses principes, mais mon approche pratique est également très perspicace dans la mesure où je répondrai à une demande d'aide : Je vais essayer de garantir l'égalité des droits d'accès à mes services tout en évaluant les risques encourus. J'étais tout à fait certaine que la supervision apporterait de nombreux éclaircissements et que la consultation des pairs sur une éventuelle pratique serait des plus utiles. Je savais cependant qu'il y avait un nombre croissant de notes d'avertissement aux praticiens sur ce répertoire et d'autres forums concernant les clients fantômes/prétendus, y compris des recommandations sur la manière de signaler de tels cas.

Dilemme : Comment évaluer un client pour des services à distance ?

Mon dilemme comprenait des aspects éthiques cruciaux de ce qu'impliquerait un tel travail. J'ai considéré quatre aspects en particulier : a) si un tel travail fournirait une norme de services appropriée ; b) si je pouvais travailler dans les limites de mes compétences ; c) convenir avec le client de la manière dont nous pouvons travailler ensemble ; et d) protéger la confidentialité et la vie privée du client.

J'avais le sentiment que ma décision n'allait pas seulement déterminer une réponse à cette demande unique de thérapie, mais qu'elle serait également pertinente de manière plus large et peut-être pour toute ma pratique future. Quelle aurait pu être la meilleure réponse sur la base de mes considérations initiales sur l'évaluation initiale restreinte, la différence dans la divulgation en tant que méthode, la technique potentielle et la communication non sécurisée par e-mail ? De même, j'ai estimé que dire non sans évaluer les raisons réelles, valables et éthiques n'était pas une option.

Par exemple, je devais informer le client du cadre (non) sécurisé de la communication, de ses limites, de l'absence de résultats potentiels et de la mesure de ces résultats en tant que pratique fondée sur des preuves, avec tous les risques liés à la divulgation potentielle du matériel du client. Et puis, qu'en est-il de mes limites en tant que thérapeute pour contenir de telles situations potentielles ? Une réponse négative ne semblait pas être une option envisageable, du moins pas avant qu'une communication plus approfondie sur tous ces aspects ne soit détaillée au client. Je devais également déterminer comment je pourrais maintenir un cadre qui était en fait contenu par un espace virtuel dans sa totalité. Les limites impliquaient une divulgation personnelle non sécurisée et la difficulté de déployer des compétences psychothérapeutiques pour tous les sentiments potentiels divulgués - des sentiments personnels, impossibles à concevoir comme pouvant être maintenus au-dessus d'une énigme virtuelle/espace. J'ai également dû examiner mes propres sentiments : comment allais-je pouvoir appliquer la conscience de soi et reconnaître que de nombreuses compétences disponibles pour une rencontre thérapeutique en personne seraient inexistantes et que des techniques différentes devraient être mises en œuvre ?

Un changement de compétences était demandé - passer de l'écoute d'un client, de l'entendre et de le paraphraser à la lecture des sentiments du client et à la réponse dans les meilleurs termes possibles avec une indication de ce qui pourrait être appliqué ; en d'autres termes, je devais élaborer une stratégie plutôt que d'interpréter.

Je me suis demandé comment mes interprétations seraient affectées et déterminées par la fenêtre de temps et le cadre d'une communication virtuelle. Je me suis rapidement rendu compte que mon approche nécessitait une perspective différente - nouvelle et spécifique à un cas, avec des lignes directrices idiosyncrasiques éclairées pour le travail.

Finalement, j'ai été persuadée des implications éthiques qui me permettent de dire : oui, en abordant tous ces aspects avec le client avant que nous acceptions de travailler ensemble et en remplissant une liste de contrôle des implications morales, éthiques et des valeurs.

Une question me revenait sans cesse dans toutes ces réflexions : "De quoi ai-je peur ?"

Ma première réponse a été que je n'avais pas peur, mais que je me protégeais. J'étais consciente que ce cas présente de nombreux obstacles par rapport à son objectif et à sa portée. J'ai aussi tenté d'interpréter une dualité dans cette demande d'aide de la part du client. Était-ce parce que la communication à travers un espace virtuel semblait sûre pour le client, perpétuant ainsi un comportement de sécurité et un modèle de comportement potentiellement inadapté ? Ou était-ce parce que le client devait rester incognito dans son identité, mais cherchait désespérément à obtenir du soutien ?

La communication m'était-elle adressée personnellement, étant donné que j'ai été contactée en référence à un article que j'avais écrit pour ce répertoire ? S'il s'agissait strictement d'une référence à cet article et à moi personnellement, en quoi une telle demande serait-elle différente de celle d'un autre client qui cherche une thérapie individuelle ? Toutes ces questions sont importantes et manifestement très pertinentes, mais cette prise de conscience ajoutait des inconvénients supplémentaires à mon analyse de la situation au lieu d'améliorer ou de permettre la mise en place d'un processus. En fin de compte, le principal facteur déterminant de ma réponse était basé sur le traitement de toutes les réflexions ci-dessus, couplé à la conscience que si je disais oui, cela signifierait que cet accord était né de la compassion, de l'acceptation consciente d'une alliance de travail à développer avec toutes les considérations d'un cadre et d'un travail thérapeutique différents. Est-ce l'honnêteté qui a prévalu ? Est-ce la décence qui a prévalu ? Ma décision était-elle fondée sur l'application d'un cadre inclusif de compassion et d'empathie ? Mon choix était de croire le client et de croire que sa demande d'aide était authentique. J'ai maîtrisé une compétence autodidacte consistant à suspendre mon jugement ou ma méfiance sans écarter d'autres contraintes et/ou impossibilités procédurales. J'ai décidé que je ne pouvais pas refuser une *demande d'aide directe*, mais que je pouvais informer le client de toutes les autres options disponibles dans son cas.

"De quoi ai-je peur ?" J'ai provisoirement interprété cette question comme étant en fait non pas *ce dont* j'ai peur, mais *la raison pour laquelle* le client avait avancé sa demande. J'ai senti que mes hésitations venaient non pas de la reconnaissance de mes limites, mais plutôt de la situation du client et de la portée de son contact. J'ai

décidé d'accepter qu'un type d'accès différent n'indique pas nécessairement un processus infructueux, mais simplement un processus différent.

Le thérapeute et le client et la quête de l'intimité

La demande de service susmentionnée n'a pas été particulièrement significative, si ce n'est qu'elle m'a fait réfléchir à des questions de vie privée et d'anonymat qu'il fallait reconnaître et que je n'étais pas prête à envisager à ce moment-là. Elle m'a également fait réfléchir plus avant sur la manière dont la pratique psychothérapeutique peut être incluse en toute sécurité dans des circonstances aussi spécifiques. Comment ces connaissances peuvent-elles être appliquées aux progrès actuels de la technologie ? Comment le processus psychothérapeutique évolue-t-il ? Qu'est-ce que cela signifie pour la rencontre thérapeutique ? Comment peut-on la remodeler ? Est-ce que un tel cas serait-il considéré comme une potentialité tout en considérant tous les cas pour un accès inclusif ? Peut-être s'agit-il de reconstruire un cadre sûr et de travailler toute compréhension à partir d'un tel point de vue.

L'événement : La création du blog

En partie à cause de ce cas spécifique, j'avais consciemment décidé de commencer une recherche sur toutes ces quêtes. J'y suis parvenue en créant un blog de thérapeute et un site internet pour ma pratique : un projet de recherche qui a débuté en juillet 2019 et s'est finalisé il y a quelques jours, presque deux ans après son démarrage. Mon objectif premier était de chercher des réponses à ce sentiment initial auto-examiné que les emails étaient un moyen de communication peu sûr impliquant la divulgation du client. Pourquoi étais-je si protectrice ? Qu'est-ce que cela signifiait, en fait ? Simultanément, j'ai réalisé que si un tel projet existait dans le domaine de l'expérience virtuelle d'un espace que je pouvais produire, contrôler et sur lequel je pouvais réfléchir, alors une telle pratique pouvait avoir une grande possibilité d'auto-analyse. Les considérations éthiques relatives aux compétences et à la protection de la vie privée du client ont conduit à une préférence pour la thérapie en personne plutôt que pour la thérapie à distance/en ligne.

En répondant à cet appel à l'aide, je me suis rappelée que, peu importe le nombre d'années passées dans la pratique, l'apprentissage n'est pas une tâche terminée. J'ai été surprise par sa particularité et par le fait que je n'étais pas en mesure d'obtenir une réponse correcte aussi immédiatement. Certains aspects de mon cadre de travail en tant que praticienne nécessitaient une introspection intérieure. J'ai fait l'expérience d'un doute de soi connu d'une certaine manière, et pourtant je me demandais pourquoi il s'était réveillé à ce moment-là et à travers cette demande. J'ai décidé que l'écriture d'un blog était un bon moyen de faire des recherches, d'établir un véritable contact intrapsychique et d'affecter le changement sur des aspects de soi qui pourraient nécessiter une compréhension plus profonde.

Rédaction du blog

En écrivant ce blog, j'ai été active, passive, sujet, objet, observatrice, cliente, praticienne... J'ai appliqué l'auto-divulgation comme technique et j'ai consciemment augmenté ma tolérance aux événements d'exposition. J'étais bien informée, pas bien informée, j'ai connu l'échec et parfois un sentiment de réussite. Je me suis attachée à analyser les sentiments suscités, de toute nature et de tout degré d'intensité, toutes les émotions négatives et positives : doute, honte, déception, joie, bonheur, etc. De même, j'ai fait des interprétations sur ce qui pouvait potentiellement être perçu comme l'affichage ou la manifestation d'un praticien trop sûr de lui et peu ou pas conscient des implications et des conséquences de la création d'un blog de thérapeute.

J'ai communiqué avec d'autres professionnels, des collègues et des pairs. J'ai partagé mes blogs et mes articles. J'ai demandé des commentaires. J'ai créé un média social, ayant une chance unique d'examiner mes préjugés, mes partis pris, de me situer sur différents points de vue théoriques et pratiques en jouant sur mon positionnement à différents moments dans le temps. La rédaction du blog mensuel m'a offert des possibilités de redéfinir et de renforcer mon éthique et mes bonnes pratiques, mais en fin de compte, elle m'a aidé à soumettre et à objectiver mes expériences à partir d'un lieu d'apprentissage et d'évolution.

L'ensemble du projet portait sur l'auto-analyse avec un traitement actif et un processus de développement de la pratique. L'écriture du blog a créé une capacité et une aptitude différentes à évoluer dans un cadre qui n'était visible que pour moi et créé par moi pour moi. Il fallait que ce soit ma sécurité et mon incertitude ; dans certaines interprétations, il pourrait être considéré comme un lieu de jeu, mais pas comme un lieu d'espoir au sens winnicottien. Si l'espoir en tant que sentiment ou objectif était présent à un certain degré, il ne peut être considéré que comme l'espoir d'une croissance personnelle vers des résultats positifs et non vers des fins destructives. J'étais également consciente qu'en m'embarquant dans un tel voyage, je ne pouvais pas prévenir les conséquences potentiellement dommageables pour ma pratique privée de l'époque et que je devais accepter la responsabilité de tous ces facteurs préjudiciables inconnus. Mon blog n'était pas accessible aux clients existants et aucun client n'a jamais été invité à y accéder. C'était un test, mais il n'a été remis en question que par moments. Le confinement dû au COVID-19 et l'année de travail à distance continu ont permis à ce projet de se poursuivre, avec de nombreux aspects changeant la direction de certains des articles, et créant peut-être un sujet pour un blog mensuel plus intense par moments. Cela a également permis d'exercer la pratique réflexive comme une forme possible d'exposition.

Ce que j'ai appris

Les écrits fondamentaux de Patrick Casement sur *l'apprentissage de la vie* sont pertinents pour ce projet. Je reconnais qu'à des moments précis, la perspective théorique à laquelle arrive un clinicien - mon approche et ma pratique du travail clinique, les techniques et les méthodes que j'ai privilégiées - pourrait en effet provenir d'un lieu de subjectivité plutôt que d'un lieu "tout à fait objectif" comme je serais encline à le penser ou comme j'aimerais le faire. Ainsi, en créant ce projet, j'ai appris que le seul aspect de ma pratique que je dois protéger est de continuer à dire oui aux demandes lorsque je sens que je peux y répondre à partir d'un lieu de compassion, même lorsque ces demandes remettent en question quelque chose de connu.

J'ai également appris qu'écrire un blog n'est pas quelque chose que je continuerai à faire ; ce projet est moins apprécié en tant qu'aspect de ma pratique, même lorsqu'il est appliqué comme une méthode de changement. Il peut être un endroit très solitaire s'il est vu séparément de son objectif. Dans *Window into eternity : Archetype and Relativity* (Fenêtre sur l'éternité : Archétype et Relativité), Mary Gammon (1973) remarque les possibilités de création de sens et sa relation avec un événement. L'événement dont il est question ici est la création du blog. Gammon affirme que le sens est créé à l'intersection de deux domaines : interne et externe. En interne, le sens est le principe qui rassemble tous les aspects d'un événement en une unité - d'où toutes les questions éthiques autour de la création du blog et de l'auto-analyse. À l'extérieur, le sens est créé en mettant l'événement en relation avec sa totalité - interprété ici comme le domaine de l'espace virtuel et toutes les connexions et possibilités de mise en réseau par association. En fin de compte, le sens dans ce contexte est ce que j'ai appris de cette expérience.

Références

Casement, P., (2006). Apprendre de la vie : Devenir un psychanalyste. Londres : Routledge.

Gammon, M., (1973). Fenêtre sur l'éternité : Archétype et Relativité. *Journal of Analytical Psychology*. 18(1). Pp. 11-24.

CHAPITRE 8 : Pratique réflexive en psychothérapie et en conseil

Exercice de pratique réflexive pendant le COVID-19

Déclaration de divulgation : Les événements et situations suivants sont imaginaires et ont pour but d'illustrer un exercice de pratique réflexive pour 1. un changement potentiel des habitudes de travail pendant l'expérience du confinement et 2. pour permettre le développement d'une relation thérapeutique spécifique. Le cas illustré est celui d'un psychothérapeute et, dans mon expertise clinique, celui d'un superviseur clinique d'autres conseillers/psychothérapeutes et de stagiaires de la profession de conseiller et de psychothérapeute ; la pratique réflexive et le développement de la conscience de soi sont des principes clés de la pratique. J'ai fourni une supervision clinique, un enseignement et une psychothérapie à des catégories plus larges de patients, y compris à des cas de personnel du NHS dont certains ont été discutés dans les chapitres précédents. Cet exercice a été créé en pensant à tous ces anciens patients ou collègues. Je suis certaine qu'on peut s'identifier à certains aspects.

Une pratique réflexive lorsque le changement est possible : "C'était votre chat ou mon chat ?"

"Mon fils ouvre la porte du jardin et entre dans le salon avec une expression morose. Il pose son skateboard et s'exclame avec ferveur - mais de façon peu convaincante :"Après cette relation, je n'aurai pas d'autre petite amie !" Je ne suis pas surprise, je reste calme et je demande, avec douceur et insistance :"OK, est-ce que tu veux m'en parler ? En parler ?" Des questions déjà redondantes, mais qui invitent et accueillent néanmoins une discussion - parce que presque certainement c'est exactement ce que nous faisons, avoir une conversation à ce sujet. Mon fils va avoir seize ans dans quelques mois et il est dans une relation - sa première relation - qui négocie et découvre clairement une feuille de route émotionnelle. Sa dernière annonce, qui n'est pas surprenante, fait suite à des considérations faites au cours des trois derniers mois sur la façon dont il se découvre, sur les étapes de sa première relation. Ses conversations avec moi commencent généralement par : "J'ai besoin de te parler de quelque chose". Ou encore : "Je dois te parler de X". Il est juste de dire que ce n'est pas habituel et que la majorité des conversations portent sur des événements et des faits positifs. Cependant, tout cela fait partie d'un tableau émotionnel, et il n'est pas difficile de comprendre comment cela se développe à ce stade : cela commence par une application théorique et avance avec les spécificités de son expérience et de ses connaissances. Se souvenir de ma première relation n'est pas nécessairement utile, il est clair que mon fils ne me demande pas mes expériences et mémoires passées, et il serait certainement déconcertant, voire frustrant, pour lui de les introduire dans notre discussion. Cela serait très probablement interprété comme un changement de sujet. Et c'est tout à fait normal. Je ne me souviens pas de longs dialogues avec ma mère sur son

premier amour. (Ou si ?). Nous avons une compréhension claire, naturelle et mutuelle que ses questions s'adressent à sa mère et non à la thérapeute.

La dernière déclaration de mon fils pour initier une question sur sa relation ou exprimer ses sentiments quant à la difficulté qu'il ressent parfois, était une affirmation de soi ; une prise de conscience de l'importance de ses interactions pendant le confinement, lorsque sa relation avec sa petite amie se limitait au téléphone et aux textos. Il était rassurant de voir qu'il faisait preuve d'une grande maturité et d'une grande croissance, nos conversations lui permettant de reconnaître et de prendre confiance dans ses sentiments et ses expériences. Il était clair pour moi que je devais surtout l'écouter et m'abstenir de donner des conseils, mais plutôt répondre aux questions directes du mieux que je pouvais. Je me suis sentie de plus en plus reconnaissante d'avoir pu travailler à la maison ces derniers mois, car cela m'a permis de passer plus de temps à la maison avec lui, même de façon sporadique. Cela m'a également donné l'occasion de réajuster l'équilibre entre le travail et la vie privée, en reconnaissant les changements qui semblaient presque impossibles dans le format antérieur de mon horaire de travail. Cela a également renforcé les changements potentiels qui pourraient être apportés à mon schéma de travail et pourquoi il pourrait être nécessaire de continuer. Mon fils et moi avons parlé des vacances de l'année dernière et de la façon dont nous allons revisiter certains endroits d'il y a deux ou trois ans. Le fait de passer du temps de qualité en famille et le confinement n'ont pas altéré notre compréhension commune de ce que signifie pour nous deux le fait d'être chez soi loin de chez soi. Pour nous, circuler librement et passer du temps en famille signifie être chez soi loin de chez soi. Le fait d'être loin de chez soi et d'explorer l'extérieur est également essentiel à notre vie commune et en est représentatif. On croit que la monoparentalité fait de ces moments importants un pilier de la relation parent-enfant, et c'est personnellement spécial quand on comptabilise les incroyables événements qui ont changé le monde ces derniers mois.

La contemplation de l'avenir de mon fils devient de plus en plus riche en détails et en explorations, et cela compte. J'ai des inquiétudes et c'est normal. Je m'inquiète aussi pour notre chat. Ces derniers temps, elle réclame constamment de la nourriture et j'ai l'impression qu'elle a développé des problèmes de mémoire à court terme ou une anxiété de séparation. Ses heures de repas sont de plus en plus nombreuses ; passer du temps avec le chien de notre famille a été un autre point fort de mon travail à distance et du confinement. L'emmener en promenade dans le parc était clairement une expérience différente pour nous deux - à la fois simultanée et séparée. Je n'ai pas pu lui faire comprendre à quel point la situation était extraordinaire, si ce n'est en lui disant : "Nous avons tous les deux beaucoup de chance de pouvoir sortir pour faire de l'exercice et garder une certaine distance avec les autres", grâce à sa laisse de deux mètres. Je suis restée proche de ma famille et de mes amis, comme toujours, en poursuivant les discussions familiales sur Internet, en communiquant et en envoyant des colis et des messages de bonne santé, et en célébrant les anniversaires autant qu'avant, certains avec un sentiment de distance accentué et d'autres se sentant plus proches que jamais.

Il y a encore un temps surprenant pour lire les nouvelles, trouver du temps pour des articles savants, écrire et consacrer du temps à différentes formes d'interaction avec les clients, aussi - un fait déjà connu que la vie professionnelle future va être plus flexible en termes de technologie et de progrès technologiques. Comment cela va-t-il m'affecter ? J'ai la forte impression que c'est déjà connu ; à la fois en raison des événements de l'année passée et d'une évaluation des services menée en janvier-février 2020, lorsque le sens des affaires s'est attaché à comprendre en quoi mon travail excellait et quels aspects étaient sous-développés.

Mars 2020 et avril 2020 avaient été des mois cruciaux pour le travail, intenses, avec des modèles de travail changeant et faisant face à différents défis. Une grande partie de mon travail a pu se poursuivre sans rompre les relations existantes ou briser les réalisations thérapeutiques précédentes, simplement en appréciant une situation à laquelle le monde entier est confronté. Les mois passés ont eu des implications : est-il possible de créer un monde plus vert, plus équitable et accessible au cours du prochain trimestre, de l'année prochaine et des années à venir ? Sans aucun doute, oui, c'est possible.

"C'était votre chat ou mon chat ? Ah, vous avez aussi un chien !" De nouveaux contenus de discussion sont apparus au cours des sessions. Autant j'ai essayé de créer un environnement de travail parfait à la maison, autant la spontanéité d'un chat qui décide d'être bruyant ne peut être contrôlée. Et pourtant, je m'interroge sur l'importance d'avoir un espace de travail loin de chez soi, car il faut dire que certaines de ces interférences étaient bienvenues et d'autres, moins.

C'est peut-être avec nostalgie que je me souviens d'une pause de dix minutes entre les sessions des clients, qui, la plupart du temps, consistait en une promenade vers la salle d'attente pour accueillir le client suivant et une fermeture en douceur de la porte du bureau par un autre client. Encore une fois, des choses simples."

Mon premier stagiaire : lire l'inconscient et remonter à la source : L'histoire de David sur West End Lane et moi

Déclaration de divulgation : Le récit ci-dessous est un exemple d'étude imaginaire - David pourrait exister - mais l'accent du cas est mis sur le "troisième" dans la pièce.

Il y a presque neuf ans, j'ai été invitée à une première privée du film de David Cronenberg sur Spielrein, Jung et Freud "A Dangerous Method", organisée par la Confédération de Psychologie Analytique, suivie d'une conférence-débat avec des écrivains de renom tels que Lisa Appignanesi. Appignanesi était un écrivain connu grâce à la lecture de ses livres et à sa participation à des conférences-débats en direct, par exemple Freud's Women (Appignanesi et Forrester, 2005). La projection privée et la conférence ont été proposées dans le cadre de la quatrième conférence d'Andrew Samuels (A Dangerous Method - Private Showing and Conference Discussion, 2011). Cet événement est resté une référence importante pour une discussion sur les significations de la relation thérapeutique en tant que "tiers" dans une pièce. Les analyses proposées lors de cette conférence me sont revenues presque sans équivoque lorsqu'on m'a demandé de participer à toutes les formations depuis, mais elles m'ont aussi aidé à repenser toutes les contributions passées aux lectures de Klein et à la futilité d'une dynamique possible dans un bloc lorsque deux analystes (pensent) parler le même langage (analytique) et comment cela peut être modelé dans une modalité différente de conversation.

David, mon premier stagiaire en psychanalyse, est de loin (ou plutôt) le meilleur exemple d'un tel dépassement de blocage. J'ai envisagé une telle possibilité une décennie plus tôt et cela s'est cumulé avec des écrits sur la façon dont une scission entre Freud et Jung s'est produite et des (mauvaises) compréhensions claires sur la façon dont un X "spirituel" n'est pas pris en compte : ici* et maintenant* deviennent la seule norme d'orientation temporelle*. Il est clair depuis longtemps pour moi que la route inconsciente peut être recréée au-delà d'un chemin de mémoire - il suffit de tenir compte des possibilités de l'IA, et si cela est jugé insuffisant, la stratégie de comptage entre en jeu pour prédire un fait connu à partir d'un fait prévisible. Les échecs en sont le meilleur exemple - la prévisibilité est la clé mais les coups d'échecs ne sont réussis que lorsque l'imprévisible joue un coup d'avance inimaginable et tient compte simultanément de plusieurs plans d'urgence développés en même temps - la mémoire photographique est la clé, non pas pour se souvenir mais pour essayer de construire un futur connu. C'est une différence identifiée entre les échecs et la psychanalyse - les échecs jouent à l'avance - toujours, ils donnent aussi des idées de mouvements aux adversaires pour établir des croyances que les choses ont, sont et vont se développer d'une certaine manière. La psychanalyse lit dans le passé, négocie, avec succès, mais j'aimerais penser que ma thérapie fait les deux.

David était une bonne cause, il a créé une pièce de théâtre sans dynamique possible et je suis certaine que David ne jouera jamais aux échecs, mais il s'est avéré être la meilleure étude jamais réalisée permettant de comprendre le fossé causé entre Freud et Jung et plus important encore, pourquoi Klein a eu tant de mal à s'installer à Londres au début de sa carrière.

Références

A dangerous method. 2011. [film] Dirigé par D. Cronenberg. Appignanesi, L. and Forrester, J., 2005. Freud's women. London: Phoenix.

Andrew Samuels. 2011. A Dangerous Method – Private Showing and Conference Discussion. [en ligne] Disponible sur : https://www.andrewsamuels.com/a-dangerous-method-private-showing-and-conference-discussion [Consulté le 9 May 2020].

Segal, H., (2004). *Melanie Klein*. New York: Viking Press.

Une chambre avec vue : "Penser" en thérapie

Le 31 décembre 2013, je rentrais d'un voyage à l'étranger et, alors que je m'approchais de la porte d'embarquement, je me suis arrêtée chez un marchand de journaux et j'ai acheté cinq journaux différents, dont une édition française et espagnole d'*El Pais* et le *Corriere della Sera* italien.

À ma grande joie, à la page 17 du Corriere della Sera, j'ai retrouvé un ami cher - nous nous connaissons depuis mes années de licence, lorsque ma fascination pour les émotions était le sujet le plus important de mon programme de psychologie. Le sous-titre de l'article affirmait que "le emozioni non sono nel cuore", accompagné d'un beau croquis de De Vinci sur le corps humain (*Corriere della sera*, 2013). L'article, un simple résumé des résultats d'une recherche récente (à l'époque) menée par un groupe de chercheurs en Finlande, visait à produire une carte des émotions avec un emplacement précis sur le corps humain, tout en démantelant la croyance selon laquelle l'émotion, et plus particulièrement l'amour, est située dans le cœur humain. L'équipe de chercheurs dirigée par Lauri Nummenmaa a publié son étude dans Proceedings of the National Academy of Sciences (PNAS) l'année suivante, dans le numéro de janvier de cette publication (Nummenmaa, Glerean, Hari et Hietanen, 2013). Plus de 700 participants de trois endroits différents ont signalé des associations de divers états émotionnels avec des sensations physiques topographiquement distinctes et culturellement universelles.

C'était et c'est toujours une recherche merveilleuse qui ouvre et connecte tant de façons de penser et ou de "penser" sur la façon dont l'émotion est vécue, mettant en lumière l'expérience sur la façon dont les spécificités peuvent être liées et connectées.

A première vue, les expériences ci-dessus n'ont rien en commun et pourtant, à cette époque, j'étais en formation à la fois en thérapie cognitivo-comportementale et en thérapie psychodynamique brève et à long terme, apprenant et mettant en pratique des théories telles que celle de W. R. Bion sur les liens et la pensée (analytique). Je n'ai aucun doute sur le fait que la lecture de cet article ait eu une grande influence sur mes choix futurs et cet écrit réflexif vise à reconnecter cette expérience avec des choix futurs potentiels, les raisons d'une décision plutôt qu'une autre - je ne suis pas certaine de savoir dans quelle mesure tous ces événements sont liés, mais ils le sont clairement. En thérapie, ces liens sont importants, et ce n'est qu'un exemple parmi tant d'autres.

Dans son article fondateur intitulé *A theory of thinking*, Bion (1962) met l'accent sur l'aspect fondamental de la communication, à savoir l'établissement de corrélations (Bion, 1962).

Bion affirme, et je suis tout à fait d'accord avec tout ce qui est dit, que la communication est privée dans tout ce qu'elle offre ou implique, cependant, il est conditionnel et impératif que toutes les constructions de la communication qui sont préverbales, c'est-à-dire les conceptions, les pensées et leur articulation verbale correspondante, créent un mécanisme de facilitation pour que toutes les données se rejoignent harmonieusement, mais plus essentiellement pour qu'un sens de la vérité soit expérimenté et révélé. Bion soutient qu'il est souhaitable que cette révélation et ce dévoilement soient exprimés dans un énoncé *analogue* à un énoncé fonctionnel de vérité. (Bion, 1962 : p. 310).

Références

Bion, W., R., (1962). A theory of thinking, *International Journal of Psychanalysis*, vol. 43. Pp 306 – 311.

Courriere della sera, 2013 : *Le emozioni non sono nel cuore*. p.17.

Nummenmaa, L., Glerean, E., Hari, R. and Hietanen, J., 2013. Bodily maps of emotions. *Proceedings of the National Academy of Sciences*, 111(2), pp.646-651.

S>T>R>U>C>T>U>R>E> acronyme et plan quinquennal

Cette dernière stratégie que je propose est en fait un outil universel de la pratique réflexive. Contrairement à l'exercice *Being Yourself* et à *Timeline (chronologie), une simple stratégie d'exercice,* S.T.R.U.C.T.U.R.E est basée sur un concept de résolution de problèmes, créant simultanément des objectifs à long terme tout en identifiant les tâches principales ou en établissant des priorités. Cette stratégie est proche du concept de résolution de problèmes, plus que tout ce qui a été indiqué dans les chapitres précédents. Elle peut être un outil utile pour planifier à l'avance, tant au niveau individuel qu'au niveau organisationnel. Elle peut sembler complexe, mais il s'agit en fait d'un processus assez simple, sauf que, contrairement à ce que l'on peut appeler un plan 100% optimiste et positif, elle tient compte des imprévus et intègre ces plans d'urgence dans sa structure même. Le plan de contingence est très visible dans T1 et T2. Ce que l'acronyme ne met pas vraiment en évidence dans ses diapositives, c'est un autre fait simple : T1 est identique à T2, T2 devenant une force opérationnelle potentielle identique à T1, mais avec une formation et un sens de l'auto-développement renforcé. Il convient également de souligner qu'au sein d'une organisation, la Task Force 1 et la Task Force 2 peuvent représenter deux volets ou départements différents de la même organisation. En ce sens, un processus de rotation peut avoir lieu ou un changement apparent de leadership peut se produire - ce processus est possible, en particulier dans une organisation où une structure non hiérarchique est déjà en place - ou simplement lorsqu'il y a une collaboration claire entre toutes les branches d'une même organisation et que le travail d'équipe est essentiel pour sa durabilité. Le groupe de travail T2 souligne également la nécessité de vérifier les plans existants, mais il faut faire très attention à ne pas faire basculer le processus dans le chaos et la confusion et cela ne peut être réalisé que lorsque T1 et T2 sont d'accord sur le changement et qu'un tel changement est facilité par toutes les parties présentes dans le processus. Lorsque S.T.R.U.C.T.U.R.E est appliqué par un individu plutôt que par une organisation, la tâche 1 et la tâche 2 désignent le même individu, le niveau de T2 étant amélioré par la formation et le développement ou à un moment précis (T2), la formation est entièrement terminée.

S.T.R.U.C.T.U.R.E.

STRUCTURE Stratégie et plan quinquennal

New Beginnings Therapy/Thérapie des nouveaux commencements

Plan quinquennal
- un outil universel
- un mode de pratique réflexive

S.T.R.U.C.T.U.R.E.

S = Spécificités

Environnement / espace /agencement / réglage / aspect du soi / organisation

- Reconnaître quelles spécificités doivent être contenues dans votre plan quinquennal Est-ce plutôt par rapport à des aspects liés au travail, à la vie de famille, au développement d'une industrie particulière, ou d'un secteur au sein de votre entreprise ?

- Créer une liste des spécificités en incluant des objectifs de développement pour votre plan quinquennal

T1 = Tâches / Task Force 1 / Critères de changement

- Considérez les domaines de développement visés et les critères nécessaires ou menant au changement, au développement, à des modifications, etc. Une entreprise, à cette étape, va considérer les structures qui sont essentielles pour la continuité du business en termes de nécessités minimales.

R1 = Ressources

- Analysez vos ressources internes et externes pour atteindre votre objectif dans la limite de temps accordée pour ce changement. Les ressources incluent les ressources humaines, l'équipement, la technologie, le réseau, d'autres entreprises, la législation, etc. Si un seul plan quinquennal est considéré, prendre en compte une certaine chronologie dans votre carrière actuelle ou future.

U1 = Unifier les objectifs de votre plan quinquennal

- Créez une liste de priorités pour toutes les étapes identifiées : S, T1 et R1
- Assignez cette liste à un calendrier, un emploi du temps avec une chronologie spécifique.

SMART Goals (objectifs intelligents) peuvent être utilisés comme une technique potentielle pour compléter cette étape.

C = Plans de contingence, de secours

- Evaluez les événements potentiels et les circonstances qui ont besoin d'être formulés.
- Pensez à des mesures préventives. (Si quelque chose dans le futur proche ne va pas se passer comme prévu ...)

- Analysez toutes les autres options dans la conception de votre plan quinquennal (tous les aspects qui sont liés à un élément prédictible). Ceci pourrait être un plan B pour vos étapes précédentes.

T2 = Tâches / Task Force 2 / Critères de changement

- Considérez le développement des aspects identifiés dans votre plan de secours (étape C) en parallèle des tâches prioritaires (étape T1)
- Une entreprise, à cette étape, va prendre en compte un aspect spécifique de son business, de ses axes de développement qui est à haut risque et va s'en occuper avec un plan de secours.

U2 = Update U1 (mettre à jour U1) pour prendre en compte les étapes C et T2

- Finalisez un plan d'action en prenant en compte tous les aspects
- Reconnaissez les facettes de votre développement qui peuvent exister simultanément.

R2 = Revoir

- Passez en revue toutes les étapes de votre plan et vérifiez ce qui a besoin d'être révisé.

E = Exécution

- Définissez une date de départ et mettez votre plan en action.

S.T.R.U.C.T.U.R.E. New Beginnings Therapy/ Thérapie des Nouveaux Commencements